NOUVEAU

VOYAGE

EN ESPAGNE.

NOUVEAU

VOYAGE

EN ESPAGNE.

Rien n'est beau que le vrai ; le vrai seul est aimable.
BOILEAU, *Art Poétique.*

A PARIS,

CHEZ LE NORMANT, IMPRIMEUR-LIBRAIRE,

RUE DES PRÊTRES SAINT-GERMAIN-L'AUXERROIS.

1805.

PRÉFACE.

Dᴇᴘᴜɪs la décadence du bon goût, depuis que la futilité a remplacé l'amour des productions instructives, l'attention s'est portée de plus en plus sur les Voyages. Ce genre de littérature s'est singulièrement perfectionné. Un écrivain qui veut être lu, doit publier un Voyage; car les Mémoires sont délaissés; l'Histoire même, cette école des siècles à venir, est abandonnée. La lecture des Voyages ne fatigue pas beaucoup l'esprit : les incidens, les situations, les événemens décrits par les voyageurs intéressent le lecteur, l'occupent sans trop captiver son imagination, et à la faveur de quelques anecdotes, de quelques faits qu'il retient, il acquiert la réputation d'un homme instruit.

Quel fruit cependant retirent la plupart de ces voyageurs qui parcourent les pays étrangers? Quelles connoissances nouvelles, quelles vues utiles rapportent-ils dans leur patrie, laquelle est le dernier objet qui excite leur curiosité? car on a toujours le temps de la voir, et en comptant sur ce temps, on ne la voit jamais. — Les uns, avides de gloire, se hasardent à faire le tour du monde, dans l'espérance d'immortaliser leur nom par la découverte d'une île échappée aux recherches des marins leurs prédécesseurs. — Des astronomes ont bravé les tempêtes du cap Horn pour aller dans la mer du Sud observer le passage de Vénus. — Des savans n'ont pas craint le soleil de la Zone-Torride, ont combattu les tigres, les lions, les panthères des déserts de l'Afrique, ont enduré la faim et la soif dans les sables de l'Egypte, pour nous raconter ensuite des merveilles. — Des originaux, semblables à ce voyageur dont parle Montaigne, ne rapportent de leurs voyages que des niaiseries : les uns n'auront examiné que les caleçons d'une *signora*, les autres n'auront compté que les degrés de *la Santa Rotonda*. — Quelques-uns auront judicieusement observé que dans certains pays les chemins étoient sablés, au lieu d'être pavés ; que les voitures publiques étoient mieux ou plus mal attelées ;

que les auberges étoient plus ou moins mal tenues — Ceux-là affirmeront d'un air scientifique que les peuples du Nord déjeûnent avec des tartines de pain beurrées et trempées dans du thé ; ils auront même poussé l'observation jusqu'à compter les gouttes de lait qu'on mêle avec ce thé, et ils en auront retenu le nombre : ils auront remarqué que les habitans du midi de l'Europe déjeûnent avec du chocolat, et ceux de la Zone-Tempérée avec du café. Dans les villes où ils se sont arrêtés, ils ont parcouru les rues, les places publiques ; ils ont vu l'extérieur des édifices, dont ils n'ont pu juger les beautés, n'ayant par eux - mêmes aucune connoissance en architecture, et n'ayant pas eu la sage précaution de se faire accompagner d'un homme de l'art,

Ils ont été aux divers spectacles, mais ils ne peuvent décrire que l'effet du jeu des machines; car ils ne parlent pas la langue des pays qu'ils parcourent, et ils ne veulent pas s'assujétir à l'apprendre, parce qu'elle est trop difficile, ou qu'ils n'en ont pas le temps. Ils ne peuvent satisfaire davantage la curiosité de leurs compatriotes qui, à leur retour dans leurs foyers, les questionnent avec empressement sur les mœurs, les usages des peuples qu'ils ont visités : n'en sachant pas l'idiome, ils n'ont pu en fréquenter les sociétés ; mais comme il est honteux d'être pris au dépourvu, ils font des romans, et ils sont crus sur parole.

Je partageois ce desir de visiter les pays étrangers; l'Espagne me parut être le pays le plus propre au but d'obser-

vations que je me proposois : ce but
étoit de comparer ce royaume avec ce
qu'on en a écrit.—Après un séjour assez
long dans ce pays, en avoir appris la
langue, avoir fréquenté la bonne compagnie, avoir été admis dans les différentes sociétés, soit dans la capitale, soit
dans les provinces, je me suis convaincu
que les deux ouvrages de M. Bourgoing
sur l'Espagne, sont, jusqu'à ce jour ; ce
qu'il y a eu de moins mauvais. On a
cependant à regretter que cet écrivain,
exact à certains égards dans ses descriptions, se soit laissé entraîner par des
principes philosophiques qui l'ont porté à
des insinuations conformes aux maximes
de la fin du dix-huitième siècle ; máximes
que sans doute il condamne en ce moment, et non moins contraires à la rai-

son, qu'inconvenantes sous le rapport
des places qu'il a occupées, et qui blessent
le caractère sacré dont il a été revêtu.
Un M. de Langle a aussi écrit un volume
sur l'Espagne : il lui donne le titre de
Voyage ; mais cet auteur n'a fait qu'un
roman. Il a entassé absurdité sur absurdité, mensonge sur mensonge : tantôt
maniant le sarcasme, la plaisanterie,
quelquefois empruntant le langage de la
raison, il arrive à son dernier mot sans
qu'on puisse deviner le plan de son ouvrage, sans qu'on puisse décider si on a
lu un Voyage pittoresque, ou un narré
exact de ce qu'il a vu en Espagne. Faut-il
qu'un voyageur emploie l'esprit qu'il a
reçu de la nature, les connoissances
qu'il paroît avoir acquises, à composer
un ouvrage dont le but le plus apparent

fut de propager l'immoralité la plus dégoûtante ! Le parlement de Paris, composé en général de magistrats sages, instruits et clairvoyans, pressentirent le mal que pouvoit occasionner la publication de ce Voyage, et ils le condamnèrent à être brûlé par l'exécuteur de la haute justice. Ce jugement seul a fait la fortune de ce livre, à une époque où l'abandon de tout principe étoit regardé comme une marque d'esprit et de philosophie. Il faut s'attacher à cette unique cause, si l'on ne veut gémir trop fortement sur un peuple qui accueille de pareilles sottises.

J'ai observé que parler de l'Espagne à un Français, c'est lui parler de la Chine, des Patagons : tant cette antique contrée que se disputèrent si long - temps les Carthaginois et les Romains, nous est inconnue! L'Espagne et la France sont cependant limitrophes; les intérêts politiques et commerciaux sont tellement les mêmes, que ces deux royaumes, avant la révolution de 1789, se trouvoient liés par un traité connu sous le nom de *pacte de famille*. Mais ces rapports politiques n'influent que foiblement sur le Français, sédentaire par caractère, peu curieux, et se contentant de voir par les yeux des autres ; méthode qui favorise son penchant et le dispense du soin d'aller vérifier par lui-même les récits dont quelques hommes amusent sa crédulité. On lui exagère les difficultés de voyager dans un pays qu'on lui représente comme sortant à peine du chaos ; on lui fait des narrations grotesques des mœurs, usages et coutumes de ses habitans. Il rit, plaisante, juge étourdiment, et s'écrie : Hors la France, point de beauté, point de plaisirs !

En traversant l'Espagne, je me permettrai de désigner les erreurs de localité et de principes de mes *cicerone*. Je me serois contenté d'un itinéraire détaillé, si je n'avois rencontré en France nombre de personnes qui croyent aveuglément ce qu'avancent MM. Bourgoing et de Langle. Le volume de ce dernier auteur a eu cinq éditions, multiplicité à laquelle arrivent à peine les meilleurs livres.

NOUVEAU
VOYAGE
EN ESPAGNE.

ENTRÉES EN ESPAGNE.

LES rives de la Bidassoa, la naissance des Pyrénées, le centre de cette chaîne de montagnes qui se prolongent de l'est à l'ouest sur une ligne de quatre-vingts lieues, forment les trois entrées en Espagne. Six minutes suffisent pour traverser la Bidassoa, qui sépare à l'ouest le Béarn de la Biscaye. A l'est on est, en trois heures, transporté du Boulou à la Jonquière. On a quitté le Roussillon à Bellegarde, et l'on se trouve en Catalogne à la Jonquière. Il faut un jour pour passer de Bagnères-de-Luchon à Salientès et Jaca. On a traversé les Pyrénées par un chemin impraticable sept mois de l'année, et qui n'est ouvert les autres

A

cinq mois qu'à l'interlope, et aux mulets qui transportent les échanges du commerce. C'est cependant par cet endroit que M. de Langle établit la communication des deux pays. « Un » tas de pierres sert de limites. A peine a-t- » on perdu la France de vue qu'on s'enfonce » dans les Pyrénées : à droite et à gauche , » devant et derrière soi on a des rochers, des » cavernes , des torrens et des échos. Durant » quinze mortelles heures, on ne voit per- » sonne , on n'entend rien , on croit être seul » au monde. On arrive à Salientès. Salientès » n'est rien ; on traverse le lendemain la plaine » de Biescas ; on dort fort mal à Loupagnon ; » on dîne par cœur à Cusabas. On passe sur » le pont de Faulo, construit par le diable, » et le troisième jour, si le ciel est serein et » si l'on a de bons yeux, on découvre dès le » matin les tours de Saragosse. » Telle est la description que M. de Langle nous donne de l'entrée en Espagne. Nous concevons qu'elle n'est point engageante pour l'homme, même jeune , qui incertain encore sur le point sur lequel il dirigera les courses qu'il entre- prend pour sa distraction et ses plaisirs, con- sulte les voyageurs pour fixer ses irrésolutions.

Il dit que l'Espagne est un pays barbare : il dirige ses projets sur un autre point ; et M. de Langle est cru quoiqu'il ait menti impudemment.

Malgré les idées désavantageuses qu'avoit fait naître dans mon imagination l'ouvrage de M. de Langle, et que ceux de M. Bourgoing n'avoient que foiblement adoucies, je dirigeai mes pas vers l'Espagne, persuadé que j'allois visiter un pays semblable à celui des Hurons; et j'arrivai à la Bidassoa avec les préjugés français: en passant cette rivière on me fit remarquer l'île des Faisans, cette île célèbre par les conférences qui précédèrent le traité des Pyrénées.

Mais que reste-t-il de ce palais construit pour la réception d'illustres personnages? Que reste-t-il des plans qu'ils y combinèrent, des grands événemens politiques qu'ils y préparèrent? — Quelques brins d'herbes broutés par des troupeaux, et foulés aux pieds par des bergers qui ignorent même qu'ils occupent le terrain que des souverains et des ministres célèbres ont immortalisé. Je remarquai aussi les ruines du village d'Andaye, détruit par le canon de Fontarabie. Cette place commande l'entrée de la Bidassoa. — J'avois laissé en France un chemin abominable : depuis Saint-Jean-de-Luz j'avois cent fois manqué m'estropier dans des ornières qui me faisoient craindre de rompre ma voiture ou au moins de la verser. Je trouvai sur la rive gauche de la rivière, démarcation des deux états, une chaussée superbe qui me conduisit à Yrun, première habitation espagnole. — Yrun est un bourg assez considérable. Le quartier-général de l'armée de Guipuscoa et de Navarre y fut établi lors du commandement de don Ventura Caro. J'ai toujours eu une passion déterminée pour tout ce qui est militaire, et tout ce qui a rapport à cet art : en conséquence je demandai un guide instruit, qui pût me faire voir la position qu'occupoit l'armée espagnole. On m'amena un employé aux douanes, qui avoit servi sous don Ventura. Je le fis causer ; il me parut intelligent , et je me mis en route avec lui. Il me fit prendre le chemin que je venois de faire pour arriver à Yrun. Il me fit remarquer une ligne de batteries dont on distinguoit encore les formes. Sur cette hauteur qui domine la position, étoit , me dit mon Cicérone, la batterie San-Carlos. Je voulus y monter, il m'y conduisit, et je découvris effectivement une continuité de coteaux couverts de batteries qui défendoient le passage de la Bidassoa. Cette rivière, très-resserrée, coule entre deux chaînes de montagnes qui finissent les Pyrénées à l'ouest. Cette batterie San - Carlos, d'où je faisois mes observations militaires, étoit le point des signaux de la gauche de l'armée.— C'est dans cette même batterie, me dit mon guide, que la femme du général venoit se placer, lorsqu'il y avoit une affaire : elle se faisoit apporter un télescope et suivoit des yeux son mari qui s'exposoit au feu comme le dernier soldat. Le bruit de douze pièces de vingt-quatre qui étoient là, là et là (me désignant les places), les bombes qui nous tuoient souvent du monde, ne la détournoient pas ; elle étoit toujours à son télescope. — Ah ! c'étoit une bien brave dame ; elle nous donnoit toujours des sigarres, et elle alloit à l'hôpital visiter les blessés. — Quel courage ! quelle force de caractère ! Cette femme aimoit son mari, affrontoit les dangers des combats ; et pour quel motif? Motif d'ambition ? elle ne pouvoit en avoir. — Célébrité?

elle n'y aspiroit pas. — Elle pouvoit voir le boulet destructeur lui enlever l'homme qui lui étoit cher ; mais aussi elle étoit délivrée de toute inquiétude, et son ame sans cesse entre la crainte et le bonheur, étoit combattue par ces deux sentimens qui se succédoient avec rapidité chez elle.

Rempli d'admiration pour cette femme digne d'être comparée aux femmes les plus célèbres, je descendis de la batterie San-Carlos, et suivant toujours mon guide, je repassai la Bidassoa pour aller visiter la première ligne ; celle que je venois de voir n'étoit que la seconde. Je grimpai la montagne nommée de Louis XIV : il y avoit des restes de batterie. Je vis sur ma droite un village en ruines ; l'église étoit fort dégradée. Je questionnai mon guide, et il me dit que ce village avoit été détruit par les Espagnols, qui en délogèrent les Français pour s'y établir. Le lendemain, ajouta mon vétéran, les Français revinrent à l'attaque ; mais le courage de la Tour-d'Auvergne ne put rien contre la détermination de nos troupes enfermées dans l'église qu'ils avoient crenelée. Depuis cette époque, nous avons toujours été maîtres de cette position, et on

y établit une batterie nommée la Casa-Fuerte,
qui fut commandée par le marquis de la
Romana, neveu du général Caro. — Après
avoir parcouru ces deux lignes défendues par
trois cents bouches à feu, je demandai à mon
soldat comment les Français s'en étoient emparés sans éprouver de résistance ? — Caro
fut rappelé, me répondit-il la larme à l'œil ;
et huit jours après son départ, les Français
forcèrent la position de Vera, droite de l'armée, à quelques lieues d'ici. Yrun fut tournée,
et nous fûmes forcés de nous retirer laissant
les canons de position et les magasins au pouvoir des ennemis. — Je regagnai mon auberge,
réfléchissant sur l'influence qu'exerce un seul
homme sur la destinée des empires. — De ses
passions discordantes, de la variation de son
humeur, du degré de sa santé dépend souvent le sort de milliers d'hommes. — Lord
Shesterfield est convaincu qu'un souper léger,
un bon sommeil, une matinée fraiche et
agréable, ont souvent fait un héros de l'homme
qui eût été poltron s'il eût eu à combattre après
une indigestion, une nuit pénible et sans sommeil, ou une matinée pluvieuse. — Quelle
attention ne doit donc pas apporter un sou-

verain dans le choix des personnes qu'il met en place, et auxquelles il confie la gestion des intérêts de ses peuples!

Absorbé par mes méditations, je ne m'aperçus que j'étois rentré dans Yrun, que lorsque mon guide me dit de prendre à gauche pour rentrer dans mon auberge. Je trouvai à la porte les chevaux que j'avois commandés pour aller coucher à Saint-Sébastien, port de mer à quatre lieues d'Yrun. Près Saint-Sébastien est le port du Passage, dépôt de la compagnie de Caracas.

Je fus surpris de trouver des chemins d'une grande beauté dans un pays qu'on m'avoit dépeint comme dénué de ces premières preuves de civilisation ; mais j'appris que le comte de Florida-Blanca fut le premier ministre espagnol qui s'occupa sérieusement des grandes routes ; il commença par ouvrir ou perfectionner les communications des points principaux du royaume avec la capitale : des ateliers furent établis sur tous les points désignés, et peu d'années suffirent pour percer l'Espagne dans tous les sens. On trouve sur les grands chemins, dans les auberges bâties aux frais du gouvernement sur quelques points éloignés des habitations , ce luxe et cette grandeur que déploie l'Espagnol dans tout ce qui est monument public. La communication directe de Madrid à Paris est par la Biscaye et Bayonne. Avant la révolution française , il existoit une entreprise de messageries et diligences de Madrid à Bayonne , sur le même pied que celles de France. La guerre détruisit cet établissement utile, et malgré une paix de neuf ans, il ne s'est point encore relevé. Une autre communication avec le midi de la France est aussi ouverte par le royaume de Valence , la Catalogne et le Roussillon. Quant à l'entrée par Salientès et Jaca , il faut arriver à Saragosse pour trouver le grand chemin qui conduit de Madrid en Navarre. Il est vrai que de quelque côté qu'on pénètre en Espagne , on a fait mille lieues en franchissant les limites de ce royaume avec la France : nul rapprochement, tout est contraste ; mœurs, coutumes, langage, tout surprend le voyageur qui n'est amené à ce changement par aucune progression. Je suis étonné que l'œil observateur de M. de Langle n'ait pas été frappé de ce contraste ; il n'auroit pas manqué de l'attribuer au retardement des progrès en civilisation, etc., etc. Plus indulgent, ou pour mieux m'exprimer, plus véridique, j'ai cru en trouver la cause dans cet esprit national que l'Espagnol a su conserver. Diamétralement opposé aux Français, l'Espagnol d'aujourd'hui est le même que celui du temps de Charles - Quint : mêmes usages, mêmes mœurs. Loin de se glorifier d'être le singe de l'Europe, le *servum pecus* des manières anglaises, il met son amour-propre à être toujours lui-même, à conserver et à transmettre à ses descendans les habitudes de ses pères. Les costumes même n'ont souffert qu'une légère altération; les chefs de la nation, comme juges, alcades, régidors, conservent les habillemens qu'avoient ceux des royaumes de Castille, de Léon, d'Aragon, avant leur réunion sous une seule couronne. L'Andalous, le Valencien, le Catalan, le Navarrois a son costume particulier; il le chérit, il lui rappelle la valeur, la gloire de ses ancêtres. Les jeunes gens, ceux qu'on appelle curutajos (petits-maîtres), en faisant couper leurs habits sur les modèles qu'ils font venir de Paris, trouvent le moyen encore d'y adapter le goût espagnol. Cette mode de *francisisme*, qui s'est répandue sur presque toute l'Europe, n'a fait que de médiocres progrès en Espagne, et malgré la très-grande surabondance de Français qui inondent ce pays depuis la paix de 1795, on n'aperçoit d'altération que dans le costume. Ce n'est pas qu'on ne rencontre à Madrid des abonnés au Journal des Modes; mais ils sont en très-petit nombre.

Route de SAINT-SÉBASTIEN *à* SARAGOSSE.

DE Saint - Sébastien je me dirigeai sur Pampelune, pour, de cette ville, gagner Saragosse et Madrid. Je traversai le charmant bourg d'Ernani, et m'arrêtai à Tolosa. —— Les armées françaises avoient suivi la même route. Les fenêtres de mon auberge donnoient sur la grand'rue : on me parla d'un combat qui s'y étoit livré entre les troupes légères de l'avant-garde française, et celles de l'arrière-garde espagnole protégeant la retraite de l'armée. La cavalerie espagnole y soutint sa réputation.

Au sortir de Tolosa je laissai, sur ma droite, le chemin de Pancorbo, ce boulevard des Castilles, et pris à gauche la route de Pampelune. J'arrivai le lendemain dans cette ville, située sur une hauteur dominant la plaine du côté d'où je venais. Les fortifications me parurent en bon état, et susceptibles de défense. La citadelle pourroit tenir long-temps, quand bien même la ville seroit au pouvoir des ennemis. Elle sert de prison d'état ; et au moment où je la visitai, le chevalier d'Urquijo y avoit remplacé le comte de Florida-Blanca, remis en liberté, et exilé dans ses terres. On attribue au chevalier d'Urquijo l'introduction de l'épidémie qui a dévasté les provinces méridionales de l'Espagne. Un intendant venant de la Havane, à bord d'un navire infesté de la fièvre jaune, fut mis en quarantaine de rigueur à son arrivée à Cadix. Il écrivit au ministre, dont il étoit protégé, et, en réponse, arriva l'ordre de laisser débarquer M. l'intendant, ainsi que ses équipages. — La maladie se manifesta peu de jours après dans la ville de Cadix ; et on porte à quatre-vingt mille le nombre des personnes qui, en Andalousie, ont payé de leur vie l'arbitraire du chevalier Urquijo. Après deux ans de détention, S. M. C. accorda à cet ex-ministre de sortir de prison, et lui permit de se retirer à Bilbao, sa patrie. Il y a été pris lors du soulèvement de l'hiver passé, et il est de nouveau en château-fort.

De Pampelune, je m'acheminai vers Saragosse en passant par Tudella, ville renommée par ses bains d'eau chaude. La situation de cette ville, au milieu de bois d'oliviers, est très-agréable ; l'Ebre baigne ses murs.

SARAGOSSE.

LE télescope de M. de Langle n'a pas été plus clair à Saragosse, que sur la route qui l'y a conduit. « Saragosse, dit-on, est une ville » commerçante, il n'y paroît pas; tous les » bras sont croisés, les églises toujours plei- » nes, il n'y a pas un seul canot sur l'Ebre. » Il est étonnant que l'auteur n'ait point parlé du canal qui doit joindre l'Océan à la Médi- terranée, au centre duquel est située Sara- gosse, destinée un jour à devenir l'entrepôt des deux mers. Il est vrai qu'on travaille len- tement à cet ouvrage, entrepris d'après les plans et commencé sous la direction de don Ramon Pignatelli. Il s'écoulera sans doute bien des années avant qu'on voie arriver à Saint- Ander, point de jonction de l'Océan, une bar- que venant de Tortose, point de jonction avec la Méditerranée; mais Saragosse jouit déjà des avantages de cette entreprise par la communica- tion ouverte depuis Tudella, et par les irriga- tions auxquelles fournit ce canal. La mort de don Ramon Pignatelli a beaucoup trop ralenti la confection d'un ouvrage si utile pour l'Espagne. Le nivellement de l'Ebre sert, depuis sa source près Saint-Ander, jusqu'à son embouchure à Tortose, de nivellement au canal qui doit être alimenté en partie par les eaux de ce fleuve.

Quelle est cette mauvaise et insipide plaisanterie de M. de Langle au sujet de la salle de spectacle de Saragosse ? « Depuis que la foudre » a consumé la salle de spectacle, il n'y a » plus de comédie. On a tenté plusieurs fois de » construire un nouveau théâtre; mais le ciel » s'est couvert aussitôt, le tonnerre s'est fait » entendre, les corps des saints sont sortis de la » tombe, Notre-Dame du Pilar a jeté des cris; » alors, à coups de pierres, le peuple consterné, » les prêtres, les moines et les dévots furieux » ont dispersé les maçons. » A une telle absurdité on ne doit répondre que par le silence du mépris. Le but de l'auteur est évidemment de tourner en ridicule l'influence de la religion et de ses ministres sur un peuple religieux. La salle de spectacle fut brûlée il est vrai, et si elle n'a pas été reconstruite, c'est à l'avarice et non à la superstition des habitans de Saragosse, qu'il faut en attribuer la cause. Les prêtres et les moines, loin de s'opposer à cette reconstruction, seroient sans aucun doute les premiers à la desirer; car, en Espagne comme en Italie, le clergé régulier et séculier peut aller à la comédie : cette raison seule est suffisante pour démontrer l'imposture de M. de Langle.

Dans un article très-impie, M. de Langle cherche encore à ridiculiser la dévotion des habitans de Saragosse et de l'Aragon pour la Vierge appelée Notre-Dame du Pilar. La croyance qu'ils ont en leur patrone est aveugle. Lors de l'invasion des armées françaises en Navarre, les Aragonois se proposoient de porter la sainte au-devant de l'armée républicaine devoit arrêter ses progrès. — Voilà de la superstition, on ne peut en disconvenir; mais quels efforts n'eussent pas faits ces fidèles, pour sauver leur patrone en laquelle ils ont tant de confiance! et puis, lequel est préférable, d'une superstition propre à maintenir les peuples dans cette soumission, ce respect pour les loix, si désirable pour le maintien de la société, ou cette immoralité réduite en principe, et prêchée dans les temples, dans les places

places publiques, à une époque où M. de Langle, vrai citoyen de 1793, baissoit sa tête avec un respectueux enthousiasme, devant la déesse de la Raison. — Le malheureux impotent se traînant avec peine sur les marches de l'autel dédié à la patrone en qui il a toute confiance ; l'implorant avec ferveur de lui rendre la vue, l'ouie, le bras ou la jambe, dont il a perdu l'usage ; suspendant aux lambris de la chapelle de la Sainte un *ex-voto*, comme un hommage qu'il lui rend, une preuve qu'il lui donne de sa résignation ; sort du temple, sinon guéri de ses infirmités, du moins emportant dans son amè un baume salutaire qui adoucit ses douleurs, un courage qui lui donne non-seulement la force de supporter son infortune sans se plaindre, mais qui le porte à s'en faire un mérite expiatoire aux yeux d'un Dieu consolateur.

Le jour de la Saint-Jean les habitans de Barcelone se portent en foule sur les bords de la mer ; ils s'y plongent après avoir fait le signe de la croix.—Saint-Jean dans le désert, purifiant des eaux du Jourdain les néophytes chrétiens ! — Qu'elle est sublime la morale de cette pratique !!!

B

Empruntons la voix du savant et pieux auteur du *Génie du Christianisme* dans le chapitre où il traite des harmonies morales, des dévotions populaires. (1) Il faut (dit-il) placer au premier rang ces dévotions populaires, qui consistent en de certaines croyances et de certains rites pratiqués par la foule, sans être ni avoués, ni absolument défendus par l'Eglise. Ce ne sont en effet que des harmonies de la religion et de la nature. — Et plu. .oin.—Il faudroit plaindre ceux qui voulant tout soumettre aux règles de la raison, condamneroient avec rigueur ces croyances qui aident un peuple à supporter les chagrins de la vie, et qui lui enseignent une morale que les meilleures loix ne lui donneront jamais. Il est bon, il est beau, quoi qu'on en dise, que toutes nos actions soient pleines de Dieu, et que nous soyons sans cesse environnés de ses miracles. Quelques pages plus bas, le même auteur nous dit : (2) Il ne s'agit pas d'exami-

----

(1) *Génie du Christianisme*, chap. VI, p. 174, vol. 3.

(2) *Génie du Christianisme*, chap. VI, p. 181, vol. 3.

ner rigoureusement ces croyances. Loin de rien ordonner à leur sujet, la religion sert au contraire à en prévenir l'abus et à en corriger les excès; il s'agit seulement de savoir si leur but est moral, si elles tendent mieux que les loix elles-mêmes à conduire la foule à la vertu. Et quel est l'homme sensé qui puisse en douter? A force de déclamer contre la superstition, on finira par ouvrir la voie à tous les crimes.

« A trente pas des portes de la ville et sur » le chemin de Madrid, soixante Bernardins » vendent en détail du vin muscat. Jardins, » cellules, tout le couvent est rempli de tables; » toutes sont garnies de buveurs, dont les cris, » les chansons changent ce saint lieu en » corps de garde. » C'est ainsi que s'exprime M. de Langle, pour nous apprendre que les Bernardins près Saragosse vendent le produit de leurs vignes. Comme s'il étoit défendu à des gens à qui on doit le défrichement de terrains considérables, de se défaire des denrées, résultat de leurs labeurs! Au lieu de nous représenter ces religieux prosternés aux pieds du Très-Haut une grande partie de la journée, invoquant le Dieu de miséricorde pour la

B 2

conversion des pécheurs ; employant le temps
non consacré aux prières, à porter la consolation et l'aisance dans la demeure des malheureux qui entourent leur couvent ; soulageant
l'indigent d'une soupe copieuse et bien nour-
rie, qu'à l'heure de leur repas de midi, un de
ces religieux est chargé de distribuer aux pauvres qui viennent en foule recevoir la manne
céleste des mains de ces serviteurs de Dieu;
M. de Langle nous présente le tableau dégoû-
tant d'un corps de garde rempli d'ivrognes,
se livrant aux débauches d'une soldatesque
effrénée. — Cet usage de donner de la soupe
aux pauvres est pratiqué par les couvens de
tous les ordres en Espagne. Dans un temps
de disette, dans l'hiver de 1802, j'ai compté
jusqu'à trois cents pauvres à la porte des ca-
pucins de Barcelone.—Qu'on calcule la quantité d'individus que l'heure de midi verroit
mourir d'inanition à vos portes, philosophes
impies et égoïstes, si ces religieux que vous
outragez avec tant d'ignominie et de mauvaise
foi, ne secouroient vos semblables exténués
de la faim, tandis que vous succombez sous
l'excès de vos débauches. Ils ne font point
afficher, publier a son de trompe les différens

dépôts des *soupes à la Rumfort*, que le malheureux ne reçoit encore qu'en payant; on ne voit point sur le frontispice de leur couvent, écrite en caractères d'or la fastueuse inscription: *Bureau de bienfaisance*; on ne connoît en Espagne que la charité, et on abandonne *la bienfaisance* aux hypocrites, vertu nouvelle dont la pratique n'a encore soulagé aucun malheureux. L'homme à qui la nature n'a pas donné le champ nourricier, l'infortuné qu'une grêle prive de l'existence annuaire, l'estropié qui ne peut gagner une vie pénible, sait que tous les jours il recevra le bienfait de la vie, des mains de ces serviteurs de Dieu, lesquels n'exigeront pas même le léger retour de reconnoissance; car la charité ne peut trouver de récompense sur la terre.

Dans un de ses courts élans de vérité, M. de Langle convient que l'évêque de Siguenza qui jouit de deux cent mille livres de rentes, nourrit tous les pauvres des environs. « A » midi sa cour est pleine. » — Celle des philosophes se remplit aussi, mais de créanciers, de victimes, ou d'objets destinés à assouvir leurs passions brutales.

« Les dames de Saragosse passent pour

» être un peu galantes. Est-ce vrai? je n'en sais
» rien; mais le moyen de leur plaire et de s'en
» faire aimer, est ici, je crois, ainsi que par-
» tout, un art, un talent comme de monter
» à cheval ou de jouer de la flûte. » — Jeunesse aimable et confiante, vous dont l'ame
n'est pleine que du besoin d'aimer et d'être
aimée; vous, dont les transports révèlent le
secret de votre cœur, apprennent à l'amant
attentif et impatient que la nature l'emporte
sur les principes; c'est vous que nous inter-
pellons, c'est vous que nous sommons, en
quelque sorte, de nous faire connoître l'école
où vous avez acquis cet art, ce talent d'aimer
et de plaire que M. de Langle compare à
celui de monter à cheval ou de jouer de la
flûte.

Route de SARAGOSSE *à* MADRID.

POUR se rendre de la capitale de l'Aragon dans celle des Castilles, qui l'est aussi de toute l'Espagne, je pris une voiture qu'on appelle en espagnol *caleza* ou *volante*. M. de Langle la décrit ainsi avec son style badin : « Ces voitures sont douces, bien suspendues. » Quand j'arrive le soir, je ne suis pas plus » las que si j'étois resté tout le jour chez moi, » ou couché ou assis. » Le lecteur crédule et froid se représente, à cette description, une berline bien large, bien commode, suspendue sur quatre excellens ressorts, etc., etc. Il sera un peu étonné d'apprendre que la calèche est une espèce de cabriolet ouvert par-devant et par les côtés, de manière que le voyageur ne perd ni une goutte de pluie ni un grain de poussière. Cette voiture est attachée devant et derrière à une barre en bois qui traverse les brancards ; elle est traînée par une mule ou par un cheval. Le conducteur (*calezero*, en espagnol) marche ordinairement derrière sa voiture ; quand il est fatigué, il s'assied en travers sur le brancard, de préférence du côté du marche pied. Dans les mauvais pas, et en traversant les villes ou villages, il est obligé, sous peine d'amende, d'être à la tête de sa mule et de la conduire par les rênes.

Cette séparation de l'Aragon et des Castilles, ces montagnes, magasins des matières premières des fabriques de draps de Guadalaxara, ces pâturages odorans, le thym, la mélisse, le serpolet, qui engraissent un nombre considérable de troupeaux, dont les laines sont transformées en draps égalant ceux de Sedan, si toutefois ils ne leur sont pas supérieurs en qualité; ces herbes nutritives « semblent, dit » M. de Langle, humiliées d'embellir, d'em- » baumer ces déserts. » Cette figure de rhétorique, digne du plus foible écolier, est aussi bizarre que les principes de l'auteur. Mais, pour suivre son idée, elles pourroient effectivement être humiliées de croître en vain, de voir leurs sucs nourriciers desséchés par l'ardeur d'un soleil brûlant, mais elles ne peuvent se plaindre quand le but de la nature est rempli. M. de Langle a tout au plus le droit de trouver mauvais qu'on contredise ses idées, qu'on établisse des richesses où il a voulu dépeindre la misère, qu'on relève ses contradictions avec lui-même ; car il dit quelques lignes plus bas que le passage cité ci-dessus: « Calatayud , qui est au centre de ces mon-» tagnes, fait un grand commerce de laines. » D'où viennent ces laines? où pâturent les bestiaux qui les fournissent ? Comment peut-il justifier ces simples contradictions?

MADRID.

AprÈs huit jours de marche, j'arrivai à Madrid. J'entrai dans cette capitale par la porte d'Alcala ; mais il faut planer sur cette ville pour avoir le coup d'œil de la Douane, de la Poste, et de la place Mayor, que M. de Langle prétend avoir vue en entrant par la même porte d'Alcala. Il s'est peu embarrassé sans doute de cette côte assez rapide sur laquelle est bâtie la partie nord nord-est de Madrid. Son œil pénétrant lui a fait apercevoir l'hôtel de la Poste qui est situé au bas du revers du coteau opposé à celui par lequel l'on entre. La place Mayor est presque au centre de la ville, sur la gauche, et assez éloignée de l'hôtel de la Poste.

La ville de Madrid, capitale de l'Espagne, est située sous le quarantième degré trente-huit minutes de latitude septentrionale et quatorze degrés vingt-trois minutes de longitude. Depuis don Ferdinand ou Ferdinand Gonzalès, en l'an 904, jusqu'à Garcia, la Castille fut gouvernée par des comtes. Garcia mourut sans enfans, et la souveraineté fut à sa sœur Nuria, qui épousa Sanche-le-Grand, roi de Navarre. Ce souverain érigea la Castille en royaume. Henry, son successeur, mourut sans enfans, laissant pour héritier son neveu Ferdinand II, roi de Léon, lequel, en 1217, unit les deux couronnes. En 1477, Ferdinand et Ysabelle y ajoutèrent le royaume d'Aragon ; et de cette époque se forma, en Espagne, une seule souveraineté, divisée en royaumes et provinces.

Madrid est gouvernée, au civil, par deux corrégidors, 40 régidors, et autant d'alcades qu'il y a de quartiers. Il y a un gouverneur militaire; et le capitaine-général de Castille y réside.

Les fonctions de corrégidor sont d'institution romaine. L'empereur Auguste établit un magistrat chargé particulièrement de la police et du gouvernement civil des villes; il lui donna le nom de préteur. Les rois législateurs de l'Espagne imitèrent Auguste, en établissant des préteurs dans les villes principales du royaume ; avec la seule différence que le préteur des Romains est le corrégidor des Espagnols.

Le gouvernement économique de cette capitale est confié à cinquante-huit gremios. On appelle ainsi les différentes corporations commerciales, lesquelles choisissent des chefs qui sont chargés de faire exécuter les ordonnances relatives à chaque corporation. Chaque ville d'Espagne a de même ses gremios, qui se régissent d'après les mêmes principes que ceux de la capitale.

Les cinquante-huit gremios de Madrid se divisent en cinq gremios majeurs, et cinquante-trois inférieurs. En 1733, les cinq gremios majeurs se réunirent, obtinrent des priviléges, et furent chargés par le Roi de répartir et percevoir les contributions imposées sur les artisans et les commerçans. C'est à eux seuls qu'on a recours pour l'augmentation des taxes et leur paiement.

En 1763, cette réunion des cinq gremios obtint de se former en compagnie. Le Roi accorda à ce nouvel établissement des priviléges pour un commerce maritime et intérieur.

Les premiers fonds faits par les membres de ces cinq gremios fut de 15,000,000 de réaux (3,750,000 fr.); les actionnaires seuls, et non les corporations , furent déclarés solidaires les uns pour les autres. En sus de ces 15,000,000 de réaux mis dans les combinaisons commerciales, la compagnie fut autorisée à recevoir des fonds portant intérêts.

Il fut réglé qu'on nommeroit deux directeurs actionnaires de la compagnie, et qu'ils seroient changés tous les quatre ans. A chaque rénovation se fait un compte général. On retient le tiers des profits pour l'augmentation du capital; et les deux autres tiers sont partagés aux cinq gremios , qui répartissent le dividende à chaque intéressé , suivant le nombre et la valeur de ses actions.

Les directeurs ont la faculté d'établir des factoreries dans l'étranger, dans les Amériques, et partout où il le leur paroitra convenable aux intérêts de la compagnie. Ils peuvent aussi s'intéresser dans les compagnies d'assurances , dans les banques, etc. , etc.

Pour faciliter le commerce de consommation animale dans la capitale , on y a établi cinq marchés. Le plus considérable de tous est celui de la place Mayor, dont le circuit est de quinze cent quatre-vingt-seize pieds. Des alcades veillent sur le poids et la qualité des comestibles.

Parmi les beautés que renferme la capitale de l'Espagne, on ne doit pas oublier le superbe pont de Ségovie, sur le Manzanarès. Quelques mauvais plaisans ont cru mériter les honneurs du sarcasme, en disant qu'il ne manquoit à ce pont qu'une rivière. Si en été le Manzanarès n'est qu'un filet d'eau, en hiver, devenu torrent très-dangereux, il fait connoître la nécessité de ce pont. Il a mille pas de long, et, à son entrée, vingt-deux de large; mais se rétrécissant vers le centre, il n'en conserve que douze. Bâti en pierre de taille, il est bordé d'un parapet à hauteur d'appui, qui est orné de distance en distance de boules en pierre. Ce pont fut construit sous Philippe II, sur les plans de don Juan de Henera.

Venant de passer le superbe pont de Ségovie, nous ne pouvons nous dispenser de suivre ces allées qui conduisent à cette charmante promenade nommée la Floride, où l'on respire le frais du Manzanarès et où on est abrité de l'ardeur du soleil par des arbres de haute futaie. Ces allées délicieuses nous conduisent au canal commencé en 1770, d'après les plans de don Pédro Martinengo. Charles III accorda à la compagnie qui se chargea de l'entreprise, un privilége exclusif pour trente ans: ce privilége portant défense à tout individu ou compagnie autre que celle citée, de construire des canaux ou de rendre les rivières navigables sur une étendue de vingt lieues distante de la capitale. La compagnie autorisée eut aussi le privilége de la pêche et des transports.

Ce canal commence au pont de Tolède, et prenant les eaux du Manzanarès, de la Xarama, et toutes celles qui se trouvent sur un rayon de vingt lieues, il doit aboutir au Tage, fertilisant par les irrigations la partie de la Castille qu'il traversera.

La nécessité de la jonction de la rivière Manzanarès avec le fleuve Tage, avoit été sentie dès le règne de don Jean II. Philippe IV y pensa sérieusement; mais sa mort fit oublier le plan qu'il s'étoit fait présenter. En 1673, des Flamands ressuscitèrent ce projet, dont l'exécution étoit réservée à Charles III.

La compagnie chargée de l'entreprise de ce canal, abandonna ses priviléges, et depuis cette époque il se continue au compte du Roi. Quoiqu'il ne soit pas terminé, on en retire de grands avantages par les moulins qui ont été établis, et la facilité de transporter sur des bâtimens de cinq à sept cents tonneaux, les boues, immondices et fumiers de la capitale qui fertilisent les champs riverains de ce canal. On éprouve depuis long-temps déjà la progression croissante du rapport de ces terrains qui ne rapportoient, avant qu'on creusât ce canal, qu'environ huit mille fanègues de bled. — Des pépinières nombreuses ont aussi été établies.

Quoique la ville de Madrid soit située dans l'intérieur des terres au centre de la péninsule, elle fait un commerce maritime considérable par la voie de ses facteurs à Cadix et Valence principalement. Les étrangers sont à Madrid en possession du commerce d'importation le plus considérable. Il consiste en quincailleries, bijouteries, éventails, bas, ratines, camelots, bouracans, flanelles, étoffes de soie, draps fins, sucres, poissons salés, épiceries.

Le commerce avec l'intérieur consiste, avec le royaume de Valence, en articles de manufactures de soie de cette ville, de celles de draps de Alcoy, Enguera, Bocayrente, de celles de papiers de Segorve, Alcoy et autres dont l'importation dans la capitale se calcule à

30,000,000

30,000,000 de réaux (7,500,000 l.); avec la principauté de Catalogne, en produit aussi de ses manufactures, consistant en draps, flanelles, indiennes, papier, bas de soie très-inférieurs à ceux de France. Les cordonniers catalans se sont emparés des pieds castillans; et Barcelone chausse la majorité des habitans de Madrid. Les malles et coffres qui se vendent en cette ville, viennent aussi de Barcelone. — L'Aragon fournit aussi des draps fabriqués à Albarracin, des étoffes communes en laine tirées de Rubielos, Villaroya. Tolède et Talavera ont établi des manufactures de rubans à l'imitation de ceux de France; mais ils n'en approchent pas encore. — La Manche fournit ses vins, ses huiles et ses fruits. — L'eau-de-vie, les liqueurs sont aussi de fabriques nationales; mais récapitulation faite des marchandises qui entrent à la douane, le commerce étranger dans la capitale l'emporte du double sur le commerce intérieur.

La population de Madrid est, d'après le dernier récensement, d'environ cent quarante mille ames.

C

LE BUEN-RETIRO.

Je fus visiter le Buen-Retiro. Ce palais bâti sous Philippe IV formoit l'habitation des rois d'Espagne de la maison d'Autriche. Il est entretenu à grands frais par ceux de la dynastie régnante, comme si ces souverains conquérans légitimes du trône d'Espagne, en transmettant à la postérité la gloire de Philippe V, vouloient, en conservant ce palais devenu monument, perpétuer l'injustice de la cause que soutenoit le prince Charles, et rendre sa mémoire responsable à jamais du sang qu'il fit couler par des motifs d'ambition personnelle. L'intérieur de ce palais est dans le même état qu'il fut laissé par ce prince expulsé : on diroit qu'il en est sorti d'hier. M. de Langle prétend cependant « que les bâtimens tom-» bent en ruines, que les fontaines sont taries, » que rien ne croit dans les jardins. » Les jardins ont été considérablement augmentés, et sont d'une grande beauté : ils ont près d'une lieue d'étendue, et ont été formés de terres de divers propriétaires que le comte d'Olivarès engagea Philippe IV à acheter. Ce jardin offre des situations très-agréables : il est ouvert au public, qui y va jouir du frais des gazons, des eaux, et braver un soleil ardent, sous l'épaisseur du feuillage des allées. Dans une des parties ajoutées au jardin, Charles III a fait construire un bâtiment très-vaste, où l'on a établi une manufacture de porcelaines. Cet établissement, très-coûteux, ne travaille que pour le Roi et à son compte : il en sort des vases d'une beauté et d'un fini qui ne le cèdent point à ceux de Sèvres. Les montagnes de Guadarama approvisionnent un étang de trois cents pas en quarré, qui se trouve au centre de ces jardins. Le Roi pendant son séjour à Madrid, depuis la mi-juin jusqu'à la fin de juillet, y va prendre le divertissement de la chasse aux canards.

Parmi les beautés de ce jardin, on admire un Narcisse en bronze se mirant dans un bassin qui termine une fontaine à laquelle il donne son nom. Cette fontaine est tirée de l'antique ; le modèle est à Florence. Le bassin est en marbre noir ; et sur une plaque en marbre blanc on lit l'inscription suivante :

PHILAUTIAM FUGE ;

RESPICE ARCAS :

FLOS ES ? CERTO

CITOQUE PERIS.

FLOREM TE ÆSTIMAS,

NARCISSE ;

CERTIUS, CITIUSQUE

PERIBIS.

Le Buen-Retiro a un gouverneur particulier.

L'ESCURIAL.

M. de Langle s'est sans doute fait une loi de dénaturer tellement l'Espagne, qu'on ne reconnoit ni sites, ni localités, ni édifices, rien en un mot du pays qu'il prétend décrire. Transportant les montagnes avec une facilité qui tient du miracle, quoiqu'il n'y croie guère; cet enchanteur, sans être trop malin, en place où il n'y en a jamais eu, et il en retranche où il en existe; il pétrit l'Espagne à sa façon; il fait véritablement *des châteaux en Espagne*, propres à amuser les bonnes et les enfans. Non content d'aplanir le coteau que monte et descend la rue d'Alcala à Madrid, il place le palais de campagne (*sitio* en espagnol) dans un gouffre « caché par quatre » montagnes qui amoncèlent à l'entour et » arrêtent au-dessus des toits, des nuages, » des brouillards, de la neige même, que le » soleil s'efforce en vain de dissiper et de fon- » dre. » A cette description, quel lecteur ne se représente le Saint-Bernard, le Mont-

Blanc, le Simplon, le Pic du midi se donnant rendez-vous pour entourer de leurs neiges éternelles la demeure d'hiver des rois d'Espagne ? car c'est à l'Escurial qu'ils passent depuis novembre jusqu'en janvier.

Situé sur le revers de la chaîne de montagnes du Guadarama qui ferme l'horison au nord nord-ouest sur une ligne demi-circulaire, l'Escurial domine la plaine de Castille qui s'ouvre à l'est ; et des fenêtres de ce palais-couvent on aperçoit la ville de Madrid qui en est distante de sept lieues. Le déclin de la côte sur laquelle est situé l'Escurial, le revers de la montagne sur la droite, sont couverts de bois de chênes verts, qui contrastent agréablement avec ce bloc régulier et blanc, formé par ce palais : le parc et les jardins sont immenses. Au centre du jardin à mi-côte, entre l'Escurial haut et l'Escurial bas, ainsi désigné à cause de sa situation au pied de la montagne, Charles III fit construire un bâtiment auquel il donna le nom de *Maison du Prince*. Il faut une permission expresse pour y entrer ; on l'obtient quelquefois difficilement ; mais on ne regrette pas ses démarches. On remarque dans cette charmante maison, l'alliance du luxe et du goût : l'appartement de la Reine est d'une fraîcheur, d'une élégance que Trianon auroit enviées. La prise de Mahon par le duc de Crillon est peinte à fresque sur les murs du corridor qui communique aux appartemens du Roi. Le duc, dont la ressemblance est frappante, y est représenté faisant l'inspection des batteries dirigées contre le fort Saint-Philippe.

L'ensemble de l'Escurial offre le contraste d'une nature âpre jointe à une nature soignée et embellie par les monumens des arts. C'est un Européen civilisé, en société avec des Sauvages des déserts. On reconnoît dans le choix de l'emplacement de ce palais, le caractère sombre et atrabilaire de Philippe II, qui fit bâtir l'Escurial pour l'accomplissement d'un vœu fait à saint Laurent pour la bataille de St-Quentin, donnée le jour de la fête de ce Saint. Jean-Baptiste de Tolède et don Juan de Herrera furent les architectes de ce monument de la piété de Philippe, qui durant la bataille de Saint-Quentin, eut toujours les mains levées vers le ciel, et prioit tandis que le prince de Savoie faisoit triompher les armes Espagnoles.

L'église du couvent, les chapelles, la sacristie, le réfectoire, les cloitres, la maison du prince, sont autant de musées. On trouve à chaque pas le Guide, le Corrège, Raphaël, don Joseph de Rivera, surnommé l'Espagnolet, Rubens, Van Dick, le Titien, Annibal Carache, le Tintoret, Paul Veronèse, le célèbre Mengz. On seroit tenté de croire que ces grands artistes n'ont acquis leurs talens que pour l'embellissement de l'Escurial.

C'est dans la sacristie de ce couvent que l'on voit ce tableau, chef-d'œuvre de Raphaël, la Madona-del-Pez.—La Ste. Vierge tient l'enfant Jésus dans ses bras, assis sur ses genoux; saint Jérôme, debout derrière l'enfant, en costume de cardinal, lui lit l'Ecriture sainte; le jeune Tobie, conduit par l'ange Raphaël, est en avant de l'enfant, et lui présente un poisson pendu à une ligne.—Voilà le tableau; mais comment rendre l'expression qui en fait le mérite? L'intérêt se porte naturellement sur l'enfant Jésus; on lit dans ses yeux le desir de prendre le poisson; on remarque cependant qu'il ne veut pas perdre un mot de la lecture que lui fait saint Jérôme, et à laquelle il paroit donner une attention particulière. Tous ces traits marquent l'incertitude de son mouvement. L'enfance l'emporte enfin : il tend le bras et se penche pour saisir le poisson ; mais de la main gauche qu'il pose sur le livre, il désigne à saint Jérôme l'endroit où il doit s'arrêter. — La sainte Vierge voudroit fixer l'attention de son divin enfant sur la lecture qu'on lui fait : elle s'oppose foiblement pourtant au mouvement qu'il fait pour accepter l'offre du jeune Tobie, dont les traits marquent la timidité et le respect. — Saint Jérôme en habit de cardinal ; — l'enfant Jésus ; — le jeune Tobie, — voilà des incohérences de temps, de personnages, impardonnables dans une composition ; mais on ne peut éprouver que de l'admiration. Devant cet ensemble sublime, toute idée de critique disparoit.

M. de Langle nous parle du plafond du chœur représentant les cieux ouverts, peint à fresque par Luc Cambiazi et Jordan. Pourquoi passe-t-il sous silence la bataille de Saint-Quentin, aussi peinte à fresque par Jordan, au plafond du grand escalier ? Son amour-propre souffre-t-il de convenir que des Espagnols ont battu des Français ? S'il est juste d'aimer la gloire de son pays, il est beau aussi de rendre justice à celle de ses ennemis.

On avoit sans doute deviné que M. de

l'angle médiroit du Panthéon. « Ce triple
» rang de gardes » avoit été posé par lui, car
on ne voit pas même une sentinelle à la porte
de cette sépulture royale. A certaines heures
du jour, le sacristain qui en a la clef, en ouvre
l'entrée au public. On descend dans le Panthéon par soixante marches de jaspe et de
marbre gris et blanc, sous une voûte incrus-
tée, ainsi que les murailles, de jaspe et de
marbre. Il est de forme octogone ; il a trente-
six pieds de diamètre sur trente-huit de hauteur. La voûte, soutenue par seize colonnes
d'ordre corinthien en jaspe, avec chapiteaux
en bronze, est un chef-d'œuvre de l'art. Elle
est couverte de jaspe avec des fleurons et
autres ornemens en bronze. Sur ces colonnes
s'élève, dans le pourtour, une frise ornée de
feuillages en bronze doré.

Vingt-six urnes funèbres en marbre noir,
soutenues par quatre griffes de lion en bronze
doré, occupent les côtés de cet octogone.
Les rois sont à la droite, les reines à la gauche
d'un autel placé en face de la porte. Sur cet
autel on admire un Christ de bronze doré,
sur une croix de marbre noir. Charles-Quint
fut le premier des souverains d'Espagne dé-

posé dans le Panthéon ; asile éternel des seuls rois qui ont eu des enfans. Treize urnes sont déjà remplies ; M. de Langle y a vu « des bas-» reliefs, des inscriptions, des épitaphes. » Il souhaite « que sa main se dessèche, que ses » doigts restent immobiles, si après avoir ef-» facé les noms, les titres et dates, il reste » un seul mot de vrai. » Nous sommes forcés de joindre nos vœux aux siens ; mais ce sera afin qu'il ne puisse faire usage de ses doigts pour en imposer à ses lecteurs d'une manière aussi révoltante ; car sur les urnes il n'y a ni bas-relief, ni inscription, ni épitaphe ; on y lit seulement le nom de la personne royale dont elle renferme les cendres.

Immédiatement après le couronnement, les nouveaux souverains descendent au Panthéon pour le visiter ; c'est une cérémonie d'usage. A peine élevés au faîte des grandeurs et du pouvoir, ils vont apprendre de leurs aïeux cette grande vérité de la nature : qu'ici bas tout est périssable. Le jour qu'ils prennent le sceptre, le jour qu'ils s'entourent de tout l'apparat de la puissance humaine, ils désignent l'étroit cercueil qui doit ensevelir les vanités de ce monde. Leur nom est mis aussitôt sur leur tombe; on n'y laisse que la place pour la date du jour où ils iront augmenter le nombre de ces grands vassaux de la mort, lesquels ont voulu emporter avec eux toutes les marques de leur grandeur. En vain cependant élèvent-ils leurs cendres au-dessus de celles de leurs sujets; en vain leurs dépouilles sont-elles cimentées dans le marbre, elles en sortiront au jour du jugement; et ces ames royales, confondues avec les ames de leurs sujets, auront de plus que celles-ci, à rendre compte du gouvernement qui leur fut confié. Ah! peut-être... que dis-je? sûrement.. le temps les dispersera un jour : elles se mêleront avec toute la poussière des autres générations... Seroient-elles donc plus privilégiées que celles des Cyrus, des Alexandre, des Césars? — Quelle leçon pour des souverains — Une partie de l'année le Roi demeure dans le couvent de l'Escurial : son appartement est au-dessus du Panthéon. Votre sommeil, M. de Langle, seroit-il aussi paisible que celui de Charles IV, si votre cercueil étoit sous votre lit; que votre nom n'y attendît que la date ? Les pages de votre Voyage en Espagne eussent-elles été marquées par des impiétés, si vous les aviez manuscrites auprès de votre tombeau entr'ouvert pour vous recevoir ?

Au vingt-cinquième degré qui conduit au Panthéon, on trouve une pièce de forme octogone, qui sert de pourrissoir (*potrido*) : c'est là qu'on dépose le cadavre avant qu'on ne l'enferme dans l'urne. Auprès de cette pièce est le caveau où l'on place les infans, infantes et reines mortes sans succession. On entre dans cette pièce par une grille de bronze doré, ornée de deux colonnes dont la base et les chapiteaux sont du même métal. Au dessus de cette grille, on lit sur un marbre noir, l'inscription suivante gravée en lettres d'or :

D.. O. M.

Locus sacer mortalitatis exuviis
Catholicorum regum,
A restauratore viæ cujus aræ max.
Austriacâ adhuc pietate subjacent,
Optatam diem expectantium;
Carolus; Cæsarum max ., in votis habuit;
Philippus II, regum prudentiss.... elegit;
Philippus III verè pius inchoavit;
Philippus IIII,
Clementiâ, constantiâ, religione magnus,
Auxit, ornavit, absolvit,
Anno Dom. MDC. LIV.

Deux figures, représentant l'une la Nature humaine, l'autre l'Espérance, terminent le fronton.

M. de Langle a oublié de parler de la bibliothèque contenant quatre mille manuscrits hébreux, grecs et arabes, parmi lesquels sont les quatre Évangélistes, écrits en lettres d'or ; le Traité de saint Augustin *de Baptismo parvulorum*, écrit de la main de ce saint ; les OEuvres de sainte Thérèse, originales. — Dix-huit mille volumes sont alignés sur des tablettes de bois des Indes, dont la base est un socle de jaspe d'un pied de haut.

Sur une des cinq tables qu'on voit dans la salle principale de la bibliothèque (deux sont en porphyre) on voit Charlemagne entouré des princes de la maison Palatine. Ce monument contient mille huit cent quarante-huit onces d'argent, quarante-trois d'or, et vingt livres de lapis lazuli. On remarque aussi un Philippe IV à cheval. La statue et le cheval sont d'argent, ainsi que le piédestal qui est orné de lapis lazuli. Les ancêtres de la reine Anne de Neubourg, femme de Charles II, occupent un petit temple en argent, posé sur une des tables en marbre. On voit aussi une pierre d'aimant, du poids de sept livres.

Le couvent de l'Escurial est habité par deux cents Hyéronimites. Ils sont fort riches. Une partie du couvent est destinée à la famille royale ; mais pour loger les personnes de la suite, une partie des moines sont obligés de céder leurs cellules.

Les femmes peuvent entrer dans la partie du couvent destinée à la cour ; mais elles ne peuvent pénétrer dans l'enceinte occupée par les moines, appelée *clausura*.

Ce couvent est dédié à saint Laurent dont il porte aussi le nom ; car on dit indifféremment l'Escurial ou Saint-Laurenzo. Ce couvent est construit en forme de gril, dont l'église représente le manche. Vingt-deux cours forment les compartimens du gril. On pense que saint Laurent, martyr, fut attaché sur un gril et mis sur des charbons ardens ; aussi voit-on partout dans ce couvent des grils en fer et en bronze. On assure qu'on y compte onze mille fenêtres, quatorze mille portes, dix-sept cloitres, et plus de mille colonnes.

Le Palais-neuf, la Floride, la Guadarama, Aranjuez.

Le palais neuf de Madrid n'est point encore achevé, malgré la certitude qu'en donne M. de Langle. Lorsqu'il l'a vu, une aile entière étoit encore à élever; on n'avoit pas même encore creusé les fondemens de la chapelle. Ce palais une fois fini, sera certainement une des plus magnifiques demeures royales qu'il y ait en Europe. Philippe V y a enterré des millions. Il fut commencé en 1737; on y travaille encore, il est vrai, lentement. Pour trouver le ferme, afin d'établir les fondemens d'une masse aussi énorme, il a fallu aller chercher le niveau du Manzanarès; il a fallu creuser jusqu'à sa base la montagne de sable au-dessus de laquelle s'élève ce palais. Il est établi sur cinq étages, à compter des premières voûtes jusqu'au niveau des cours. De ces cinq étages, trois sont inhabitables à cause de l'humidité. On a pratiqué un souterrain qui, passant sous la rivière Manzanarès, va aboutir dans le parc du Pardo,

rendez-vous

rendez-vous de chasse du Roi, à une lieue de Madrid. Lors de la révolte de Madrid contre le premier ministre Squilace, dont le peuple demandoit le renvoi en se portant en foule dans les cours du palais, Charles III fit évader ce ministre par ce souterrain, et le traversa lui-même avec sa famille, pour se retirer au Sitio d'Aranjuez. L'émeute fut calmée dès qu'on sut que ce Squilace étoit parti et remplacé.

On reproche à Philippe V l'entêtement qu'il mit à la construction de ce palais sur les ruines de cet Alcazar, ou palais des rois Maures ; lequel fut réparé par Henri II, embelli et augmenté par Henri IV ; Philippe II l'augmenta encore des plans de Charles-Quint, son prédécesseur ; Philippe III y ajouta de nouveaux embellissemens ; et ce palais fut la proie des flammes en 1734. Il eût été infiniment mieux situé sur l'emplacement du Buen-Retiro. Abattre la demeure de la dynastie Autri-chienne ; sur ces débris construire le palais de la nouvelle dynastie, eût coûté tout au plus la somme employée aux cinq étages souterrains du palais neuf. On eût profité d'un parc agréable, de jardins formés, et on eût dominé Madrid, de manière à le contenir en cas de nécessité.

D

Le palais neuf est bâti sur les plans d'un architecte Piémontais, nommé Saquelt ; sa forme est un quarré parfait de quatre cent soixante-dix pieds. Deux ailes prolongent les côtés de la cour qui formera l'entrée principale, qui est au midi. De ce côté, l'édifice a trois étages principaux ; il en a quatre à l'est, autant à l'ouest et cinq au nord, sans compter les entresols, ni les étages souterrains.

La Floride est une promenade très-agréable le long du Manzanarès, au bas du palais neuf ; les arbres y sont d'une belle venue ; mais cet endroit est dépourvu de maisons de campagne, de jets d'eau et de cascades. M. de Langle y a rêvé toutes ces beautés, et dans ses songes, en a gratifié les habitans de Madrid.

Le palais de Guadarama est devenu le pied à terre de chasse du parc dans lequel il est situé. Ce parc, ainsi que ceux des maisons de campagne royales, est peuplé de daims, cerfs et chevreuils. A la Grange, ou Saint-Ildephonse, autre Sitio dont nous aurons occasion de parler, on trouve des sangliers.

M. Bareti prétend que Vénus et l'Amour se sont consultés avec Catulle et Pétrarque pour bâtir une maison de plaisance à Psyché,

à Lesbie, à Laure ou à quelque infante d'Espagne. M. Bareti a raison: il a vu Aranjuez;
à midi, dans le mois de juin, il a respiré le
frais dans le délicieux jardin de l'Isle, ainsi
appelé à cause de sa situation entre le Tage
et la rivière Xarama. Sur le déclin du jour,
après avoir traversé la calle de la Reyna, cette
allée d'une lieue en ligne droite, abritée du
soleil par des arbres de haute-futaie, d'une
élevation telle que des oiseaux posés au sommet de ces arbres seroient à l'abri de nos
armes meurtrières, il aura erré dans ce parc;
il aura soupiré dans ces bosquets où M. de
Langle, vrai dans la description qu'il nous
en donne, se mouroit de sentir, se mouroit
de jouir; dans ces bosquets où il étoit dans
le délire, où il tomboit dans l'anéantissement.

Aranjuez est d'autant plus agréable, on y
est d'autant plus surpris, et on y admire
d'autant plus la végétation du vallon dans
lequel il est situé, qu'elle contraste fortement
avec la stérilité de la Castille dont ce vallon
est entouré. En venant de Madrid, on a fait
sept lieues de quatre milles chaque, sans rencontrer un buisson; on a avalé des nuages de
poussière; on s'est calciné dans une atmos-

phère de feu ; et au bas d'une côte, on rencontre des gazons, des arbres, des eaux ; on
respire , on revit ; on est dans un autre monde,
sous un autre ciel.

Au détour d'une allée sombre dans le parc
d'Aranjuez , la vue est agréablement arrêtée
par une escadre composée de deux corvettes
de vingt canons, et de deux bricqs. Sur un canal
d'un petit quart de lieue , formé par le Tage ,
le Roi s'amuse à faire louvoyer ces vaisseaux,
qui sont montés par des officiers de la marine
royale. Il commande lui-même les manœuvres.

La cour séjourne à Aranjuez depuis la fin
de janvier jusqu'au dernier jour de juin ; dès
cette époque , les fièvres s'emparent de ce séjour, qui est très-mal-sain en été.

LA GRANGE *ou* SAINT-ILDEPHONSE.

PHILIPPE V étoit né à Versailles. Quoique souverain, il éprouvoit le doux amour de la patrie, qui se fait sentir au palais comme à la chaumière. Cédant à la politique de Louis XIV, il abandonna son pays natal, pour porter, il est vrai, une couronne. Conquérant en Espagne, souverain des Indes; ayant à sa disposition le Potosi, le Pérou, le Mexique, il manquoit quelque chose à son bonheur. Philippe voulut posséder la miniature de Versailles: il sacrifia des millions; et la Grange, ou Saint-Ildephonse, fut bâti dans un site pittoresque et superbe par les effets de la nature. Cet endroit est distant de Madrid de quatorze lieues. Le célèbre le Nôtre fut appelé; et dans un terrain de deux cents arpens, il créa un rival au parc de Versailles. Les eaux, qui sont d'un limpide de roche, par la variété de leurs jeux, la hauteur de leurs jets, sont beaucoup au-dessus de celles de Saint-Cloud. Le jet de la Renommée jaillit à cent trente-deux pieds ; celui d'Andromède, à cent vingt. Cent bouches vomissent avec un bruit épouvantable, le bain de Diane. A cinquante pas à la ronde on éprouve la fraicheur de la vapeur qui s'en exhale. La corbeille de fleurs n'est pas moins curieuse par les différens changemens que l'eau éprouve au moyen des pistons, en outre des sept jets d'une grande hauteur.

Le dépôt de ces eaux est dans un bassin immense qui domine le parc. On s'y rend par des allées sombres et tortueuses qui forment des promenades charmantes et romantiques.

On assure que ce parc a coûté soixante millions. Il coûte deux cent mille livres d'entretien.

On trouve à la Grange une des plus fameuses manufactures de glaces qu'il y ait en Europe. On en coule de toutes les dimensions ; moins blanches peut-être que celles de Venise, qu'elles surpassent par leur grandeur. En 1782 , M. Bourgoing en vit couler une de cent trente pouces de long sur soixante-dix de large (1). M. de Langle, dans une de

---

(1) *Tableau de l'Espagne moderne*, v. 1 , p. 210.

ces observations ingénieuses et profondes dont il parsème son ouvrage sur l'Espagne, trouve « très-agréable de penser qu'en dépit de la » politique, de la religion, de l'éloignement, » les glaces coulées à Saint-Ildephonse, et don- » nées par le roi d'Espagne, embellissent le » boudoir, le cabinet de toilette de la Sultane » favorite et des beautés du Sérail. » M. de Langle devroit nous expliquer ce qu'il trouve de si extraordinaire dans ces cadeaux que l'usage destine aux rapprochemens politiques entre différens potentats. Quand la cour d'Es- pagne envoie des glaces de Saint-Ildephonse au Grand-Seigneur, pour obtenir le libre passage de ses vaisseaux dans les Dardanelles, qu'importe à Sa Majesté Catholique qu'elles soient placées dans le palais du souverain de Constantinople, dans une mosquée, dans le Sérail, ou dans le boudoir d'une sultane favo- rite? Nous n'avons pas la subtile pénétration de M. de Langle, pour apercevoir le ridi- cule de cet usage. Nous nous sommes bien aperçu qu'il desiroit rompre les liens sociaux; voudroit-il aussi rompre les liens politiques? Qu'y gagneroit-il?

Climat de Madrid.

Chaleur excessive en été, froid très-vif en hiver, passage subit de l'un à l'autre : voilà le climat de Madrid. On diroit qu'il n'y a pas d'automne; le printemps y est sensible; mais c'est dans le mois de janvier, car les mois d'avril et de mai annoncent déjà l'été. Juillet, août, septembre sont insupportables. Malheur à ceux que des affaires obligent de sortir de chez eux depuis huit heures du matin jusqu'à sept du soir ! ils sont calcinés, fondus avant d'avoir atteint le bout de la rue; aussi l'Espagnol dit-il : qu'on ne rencontre à ces heures, dans les rues, que des chiens ou des Français. Quant à eux, renfermés dans leurs appartemens, où le jour pénètre à peine, et pour la plupart souterrains, ils attendent en chemise, moitié suant, moitié dormant, l'heure où ils pourront respirer plus librement dans les allées du Prado, promenade très-belle qui mérite sa réputation. Là, dans un espace considérable appelé le Salon, et destiné aux piétons, ayant sur un des côtés les voitures qui circulent dans une allée qui leur est exclusivement destinée, ils attendent le coucher du soleil ; mais peu de minutes avant que cet astre disparoisse, le Prado est déserté ; les piétons regagnent au plus vite ou leur demeure ou les cafés ; ils laissent tomber ce serein congelé, très-dangereux après un soleil étouffant. Deux heures après, ils reprennent possession du Prado ; et la nuit y est assez souvent d'une fraîcheur agréable et non dangereuse.

Quelquefois, au détour d'une rue, on se sent transpercé comme par des aiguilles glacées. Il ne fait pas le moindre air, et le soleil est brûlant ; voilà pour quelle raison l'Espagnol porte un manteau qu'il ne quitte jamais, même dans la canicule ; ce qui paroit souvent ridicule à l'étranger qui ne cherche pas à approfondir les usages et coutumes des pays qu'il visite.

M. de Langle, après une description très-échauffée de l'enchantement des nuits d'été à Madrid, assure qu'il faut avoir vingt ans pour en jouir. A trente ans, suivant lui, « la » fibre est racornie, la vie de la vie s'éva-» pore, les harmonies n'ont plus le même

» charme, le monde se décolore ; adieu la
» zone fortunée, la zone magique, adieu
» beaux jours, belles nuits : l'hiver de la
» vie commence, il faut aller se coucher. »
— M. de Langle, vous vous couchez de bonne
heure : peut-être aussi vous êtes-vous levé
trop matin.

JUSTICE CRIMINELLE.

LA jurisprudence civile, la jurisprudence criminelle ne sont point exemptes, en Espagne, de quelques abus. Eh ! dans quels pays les abus ne sont-ils pas en quelque sorte inhérens à la nature humaine ? On reproche assez communément les longueurs dans les jugemens. On assure que le code fournit des interprétations par où s'échappe, dit-on, quelquefois l'intégrité des juges (*oïdores*). Si ces places étoient occupées par des hommes à qui elles fussent inutiles pour vivre, on pareroit à cet abus. Si on établissoit la loi *Cincia*, cette loi si sage, *de donis et muneribus*, donnée à Rome par le tribun Cincius, vers la fin de la dernière guerre punique, l'an 549, qui défendoit aux sénateurs de recevoir des plébéiens, leurs cliens, aucuns dons pour les services qu'ils leur rendoient devant les tribunaux, on éviteroit cette oppression judiciaire du riche sur le pauvre; la conscience des juges, et non leurs besoins, dicteroit leurs sentences ; et en Espagne, comme en Angleterre, en France et partout ailleurs, les tribunaux ne seroient point le marché public où l'honneur et l'intégrité se calculent au poids de l'or, et s'achètent, comme à l'encan, au plus offrant et dernier enchérisseur.

On exécute peu en Espagne ; de là sans doute cette immensité de criminels qui pourrissent dans les prisons ; de là cette foule de voleurs qui infestent les grands chemins. La potence est le supplice du tiers-état, le garrot celui de la noblesse ; mais on n'a jamais massolé. M. de Langle en impose ; ce supplice n'a jamais été pratiqué en Espagne. — Garroter ou étrangler est même chose. Le patient est assis sur une escabelle adossée à un poteau, auquel est adaptée une cravate en fer dont on entoure le col du coupable. Au moyen d'un balancier auquel le bourreau donne le mouvement, le malheureux perd la vie en moins d'une demi-seconde. Quand il va au supplice, il porte une robe de couleur violette : une toque verte sur la tête le distingue du criminel du tiers-état ; il a aussi la préférence d'aller à cheval au lieu du supplice.

Suivons M. de Langle dans ses observations. « On pend une fille qui se fait avor- » ter. Pourquoi punir ce crime avec tant de » rigueur ? L'avortement ne détruit rien, ne » tue personne ; il dissout une masse de » chair qui n'a ni sentiment ni vie; il extirpe » un polype, un morceau de néant, il casse » un œuf. » — Quelle logique ! quels principes ! Et l'on s'enorgueillit d'être né dans le dix-huitième siècle, ce siècle des lumières, des connoissances ! Que ne vous a-t-on, M. de Langle, vous et vos sectaires, extirpés quand vous n'étiez encore que polypes ! on n'eût cassé que des œufs, mais des œufs pourris avant maturité.

Charles-Quint a permis qu'on punît l'adultère : le mari offensé peut venger sa honte, il est lui seul juge et exécuteur. S'il surprend les délinquans , il peut les punir de mort ; mais s'il épargne un des deux il est traité comme assassin. Il y a peu d'exemples de pareilles justices.

Où M. de Langle a-t-il appris qu'en Espagne on envoie les officiers aux galères; « que leur service compte pendant qu'ils » rament, et qu'en revenant ils reprennent

» leurs rangs ? » Les contrebandiers, les mal-
faiteurs dont le délit ne comporte pas peine
de mort, sont condamnés aux galères; et si
un officier s'est déshonoré au point de mériter un tel châtiment, il ne rentre jamais dans
le corps d'où il est sorti. — Si, allant puiser
vos notes dans les bagnes des galériens, vous
avez recueilli celle-ci avec soin pour ridiculiser l'Espagne et son administration, vous
avez mal rempli votre but, M. de Langle; le
ridicule, le mépris ne tombe que sur vous.

Les châteaux-forts sont la punition des officiers pour les fautes graves.

« Heureuses les contrées (s'écrie l'auteur
» si souvent cité) où les fautes sont person-
» nelles, où le souverain ne fait point grace! »

Si aux yeux de la loi le crime est toujours crime, sans égard pour celui qui l'a
commis, au tribunal entre les mains duquel
est confié l'honneur national, l'homme diffère
de l'homme, le criminel du criminel : un
descendant des Bayard, des Duguesclin,
des Turenne, d'un de ces hommes dont le
nom commande le respect, l'admiration et
la reconnoissance, que le délire d'une passion quelconque portera à une action diffa-

mante; ce malheureux égaré, peut-être même corrompu, doit-il être mis dans la même balance que le descendant des Damien, Ravaillac, Cartouche, Robespierre, etc., etc.? Non, l'honneur national s'y oppose; la loi prononce, elle est immuable; mais le souverain commue : il fait même grace, il use du plus beau de ses droits; il se rapproche de la Divinité, il donne la vie. Dans toutes les législations, chez tous les peuples policés, les chefs du gouvernement ont joui, sans envie, de cette noble prérogative. Dans le délire de notre révolution, on retrancha à l'infortuné Louis XVI le droit de faire grace. Le crime n'en marcha que plus hardiment la tête levée.

SPECTACLES.

Nous nous empressons de rendre justice à M. de Langle au sujet de son chapitre sur les spectacles ; les occasions sont si rares qu'elles deviennent pour nous des bonnes fortunes. Cet écrivain n'est véridique que pour peindre des plaisirs chimériques, et n'est grave que pour les histrions.

Lopez de Rueda est le père du théâtre espagnol. Il y a peu d'art dans ses pièces. Elles intéressent par une douceur, une grande simplicité de langage. Après lui vient Cervantes, qu'on peut appeler le réformateur du théâtre. Lopez de Vega, Calderon, parurent dans le même temps ; on compte plus de dix-huit cents comédies de Lopez de Vega. Vinrent après, Augustin Moreto, Guillen de Castro, François de Roxas, Antoine de Solis : ces derniers eurent moins de beautés que Lopez de Vega et Calderon ; mais ils eurent plus de régularité.

Malgré

Malgré ses écarts d'imagination, ses descriptions emphatiques, on ne peut refuser à Calderon des beautés du premier ordre. Ses peintures sont énergiques, pleines de feu : il parle le langage de son temps. Calderon, Cervantes, Lopez de Vega, nés dans le dix-huitième siècle, eussent été les maîtres du théâtre.

Dans le moment où j'écris, le théâtre Français est aux prises avec le théâtre Espagnol. Traduites en Castillan, les pièces françaises apportent au théâtre de Madrid, les mœurs, l'esprit, le goût de la nation qui les produisit. Le parallèle pour l'homme impartial ne peut s'établir : la comédie française est une peinture de la haute société ; le marquis, la baronne, le chevalier sont toujours en scène ; en Espagne, c'est le cordonnier, la marchande de marrons du coin de la rue, le berger, qui viennent régaler le public de leurs scènes amoureuses. La délicatesse dans le procédé, la finesse dans l'intrigue ne peut leur être naturelle ; mais ils remplacent cette amabilité de jeu, cet abandon de sentiment, par ces saillies (*dichos*) dont abonde la langue espagnole. Ce genre est celui du pays ; il doit y

E

avoir la préférence. Qu'on représente à Madrid cette charmante image des mœurs françaises avant 1789, *le cercle*, l'Espagnol qui n'est point sorti de son pays, n'y comprendra rien ; il y bâillera, il sifflera peut-être. Pourquoi ? parce que tout le détail qu'on lui mettra sous les yeux est à contre-sens de celui qu'il voit et pratique journellement.

Chaque nation a son génie particulier : exiger de l'Italien la profondeur de l'Anglais, de l'Espagnol la légéreté du Français, seroit le comble du ridicule. Cette différence se fait fortement sentir au théâtre, qu'on pourroit appeler le type du génie des peuples. Á l'Anglais nous céderons le vrai tragique; aux Français, le drame et le haut-comique. L'Italien, plein d'harmonie, a l'opéra en partage; l'Espagnol, emphatique et amoureux, met en action les plus fortes passions: c'est l'ambition, la colère, la jalousie et la vengeance; les incidens les moins croyables remplissent leurs scènes. Il leur faut du merveilleux, de l'enchantement; mais comme leurs mœurs sont aussi lascives, il leur faut du voluptueux, et delà les Saynetes, petites pièces très-libres, qu'on peut regarder comme les pièces nationales.

Ce que dit M. de Langle au sujet des actrices dont le rôle est rempli par des hommes, n'est point exact. Le théâtre Espagnol est sous ce rapport sur le même pied que celui de Paris et de Londres.

INQUISITION, AUTO-DA-FÉ.

D'APRÈS M. de Langle, on pourroit croire que chaque fois que le gouvernement veut donner des réjouissances publiques, on établit un bûcher sur la Place Mayor, et on y brûle un malheureux, comme le fagot de la veille de la Saint-Jean. « Depuis un siècle les Auto- » da-fé sont rares ; quelquefois néanmoins » pour égayer le peuple, pour obtenir du » ciel de la pluie ou du beau temps, on brûle » quelques sorciers. » — M. de Langle, soyez impie, athée, philosophe, soyez tout ce que vous voudrez, vous seul un jour en porterez la peine ; mais, de grace, ne mentez pas d'une manière aussi ridicule.

L'Inquisition fut un tribunal sanguinaire, on ne peut en disconvenir. Sans vouloir excuser les actes d'inhumanité auxquels il se livra à son principe, développons rapidement le but de son établissement, et nous deviendrons plus indulgens, sinon pour les suites, au moins pour le motif.

Ferdinand avoit conquis Grenade ; mais l'Espagne n'étoit point soumise. Elle renfermoit dans son sein un très-grand nombre de Maures, un foyer inextinguible de dissentions civiles. Quel parti prendre pour éteindre ce germe de révolte? Les expulser? c'étoit impossible ; les incrédules étoient trop nombreux, et les catholiques trop foibles. Il fallut donc avoir recours à ce moyen si puissant chez les hommes, la superstition. Et pouvons-nous, même dans le siècle où nous vivons, en renier les effets? Rappelons-nous la guerre des Cévennes ; dix-huit cents hommes faisant tête pendant trois ans, à vingt-cinq mille hommes des troupes victorieuses de Louis XIV.

Jean de Torquemada, ce Dominicain politique, confesseur de la reine Isabelle, lui persuada qu'une bulle qui alimenteroit la haine des catholiques contre les infidèles, étoit le seul moyen de donner aux Espagnols les ressorts nécessaires pour contre-balancer la force des Maures. Ferdinand approuva cette idée : elle fut soumise au pape Sixte IV, et le Saint-Office fut établi par une bulle de l'an 1479. Torquemada eut le chapeau de cardinal ; il fut nommé Grand-Inquisiteur. Les Maures seuls furent d'abord les victimes de ce tribunal sévère ; on les condamnoit par milliers ; mais comme il est malheureusement dans la nature humaine, que les établissemens même les meilleurs dans le principe, dégénèrent toujours en abus, l'Inquisition, au lieu de décroître à mesure que le nombre des Maures diminuoit, prit un accroissement effrayant et bien condamnable sous les successeurs de Ferdinand. Ce tribunal finit par être redoutable aux souverains eux-mêmes; et le Grand-Inquisiteur eut l'audace d'exiger de Philippe III quelques gouttes de son sang, qui furent versées sur un brasier ardent par la main du bourreau. Et quel étoit le crime de Philippe? des larmes accordées à des malheureux qui alloient être la proie des flammes.

Depuis l'établissement de la dynastie régnante sur le trône d'Espagne, on n'a point eu le spectacle horrible d'Auto-da-fé. Le dernier eut lieu sous Charles II, en 1680. Devenue ressort politique, l'Inquisition n'est plus qu'une police générale qui s'exerce en Espagne et dans les Indes avec une telle vigilance, une si minutieuse exactitude, qu'il n'est pas un propos de société qui, par les ramifications sans nombre de ce tribunal, n'arrive au Grand-Inquisiteur, et de là presque aussitôt à la cour. Aussi toutes les menées du propagandisme ont-elles été découvertes ; toutes les mines révolutionnaires ont-elles été éventées ; et c'est justement ce dont se plaignent les philosophes. C'est pour cette raison qu'ils dépeignent l'Inquisition, ses jugemens arbitraires, ses exécutions secrètes sous les couleurs les plus noires. Quel est cependant le tribunal en Europe, autre que celui de l'Inquisition, qui absout un coupable qui avoue sa faute et qui en confesse le repentir, si toutefois le délit n'est pas crime d'état ? Quel est l'individu tenant des propos, affectant une conduite irreligieuse, affichant des principes contraires à ceux établis pour le maintien de l'ordre social ; quel est cet individu qui n'ait pas été averti deux fois par les membres de ce tribunal ? S'il récidive, si malgré les avis qu'on lui donne, il persiste dans sa conduite, on l'arrête ; et s'il se repent, on le met en liberté. Trouvoit-on la même douceur dans des tribunaux qui de nos jours ne portoient pas le nom d'Inquisition ?

On arrête toute personne qui colporte ou

introduit des livres contraires aux bonnes mœurs, à la tranquillité publique, ceux enfin défendus par l'Inquisition. Mais quel pays policé en Europe permet l'impression d'un ouvrage contraire aux vues du gouvernement? En Angleterre, où la liberté de la presse a toute l'étendue qu'elle doit avoir, l'imprimeur est responsable de ce qui sort de ses presses. La France eût-elle été plus malheureuse si on eût empêché la publication des œuvres de Voltaire, Rousseau, d'Alembert, etc., etc.? Nous croyons que cette proposition ne peut être mise en problème.

De nos jours, dans le dix-huitième, dans le dix-neuvième siècle, dans ces siècles de lumières et de philosophie, n'a-t-on pas vu, ne voyons-nous pas encore des lois aussi atroces que celles de l'Inquisition à son principe? Sous la reine Anne, le parlement d'Angleterre ne rendit-il pas ce fameux *bill of discovery* contre les Irlandais catholiques; ce chef-d'œuvre d'intolérance religieuse sous laquelle gémissent encore les quatre cinquièmes de la population d'Irlande?

Par cette loi, tous les catholiques de ce royaume sont déclarés inhabiles à acquérir des propriétés foncières ; leurs substitutions sont abolies, et les partages égaux sont établis entre leurs enfans. Si l'un d'eux abjure , il hérite seul de tous les biens dont la succession leur échoit ; et si c'est du vivant de son père, il s'empare de son bien en lui assurant une pension alimentaire. Il leur est défendu de louer un bien plus de trente et un ans. Un protestant peut s'emparer du cheval d'un catholique, quelle qu'en soit la valeur , en lui payant cinq livres sterlings. Il leur est défendu de prêter avec hypothèque. Tout prêtre qui dit la messe est condamné à être déporté et pendu s'il rompt son ban. Il est défendu , sous peine d'être privé de l'action des lois , de la jouissance de ses biens , d'envoyer élever un enfant chez l'étranger dans la religion catholique. L'emprisonnement, l'incapacité d'acquérir ont été révoqués en 1778 , et l'exercice du culte catholique est toléré ; mais les lois , dans toute leur force , ainsi que ci-dessus , ont été exécutées depuis 1703 jusqu'en 1778. Les partages égaux , les suites de l'abjuration existent encore au moment où nous écrivons. Et qu'on se plaigne encore de la bulle de 1479 !

Londres avoit aussi son inquisition. *Smith-field* étoit la place des Auto-da-fé. Une pierre marque encore le lieu de cette place où se faisoient les exécutions. La dernière personne brûlée comme hérétique, fut Barthélemi Legatt, en vertu d'une sentence prononcée par John King, évêque de Londres, sous Jacques Ier. Toutes les déclamations sont dirigées contre la malheureuse Espagne. Les philosophes, ces prétendus amis de l'humanité, ces admirateurs enthousiastes de la législation anglaise, se donnent bien de garde d'attaquer ces excès révoltans. L'Espagne catholique, à leurs yeux, est plus criminelle que l'Angleterre protestante, et les Maures plus dignes de pitié que les Irlandais.

M. Bourgoing, dont les opinions religieuses ne pouvoient être suspectées lorsqu'il écrivoit son tableau de l'Espagne moderne, en parlant du Saint-Office, dit : (1) « Mais j'avouerai » aussi, non pas pour le désarmer, mais » pour rendre hommage à la vérité, que » l'Inquisition pourroit être citée de nos jours » comme un modèle d'équité. Elle prend

____

(1) *Tableau de l'Espagne*, vol. 1, pag. 388.

» toutes les mesures propres à constater l'exac-
» titude des dépositions qu'elle reçoit. Qu'on
» ne dise pas que le ressentiment d'un ennemi
» caché suffit pour provoquer ses foudres.
» Elle ne condamne personne sur le témoi-
» gnage d'un accusateur, ni sans discuter les
» preuves des accusations : il faut des délits
» répétés, des délits graves pour encourir ses
» censures ; et plus de neuf ans de séjour et
» d'observations m'ont prouvé qu'avec quel-
» que circonspection dans ses propos et sa
» conduite relativement à la religion, on peut
» facilement leur échapper, et vivre aussi
» tranquillement en Espagne qu'en aucun
» autre pays de l'Europe. Je dirai plus :
» pendant mon dernier séjour de plus d'un
» an, je ne me souviens pas d'avoir entendu
» prononcer une seule fois le nom du Saint-
» Office, et je n'ai pu parvenir à recueillir
» un seul fait nouveau qui pût ajouter à
» l'horreur que je lui ai vouée. »

L'auteur a voué horreur à l'Inquisition, et pendant dix ans il n'a pas été témoin d'un acte à censurer ; et il confesse (1) « que le

____

(1) *Tableau de l'Espagne moderne*, v. 1, p. 373.

(76)

» Saint-Office est encore plus juste qu'il n'est
» sévère. » Il convient « (1) que ce tribunal
» n'est pas, à beaucoup près, aussi redoutable
» qu'on le croit encore dans les pays étrangers ;
» que c'est un modèle d'équité. » Après l'éloge
qu'il en fait ci-dessus, je ne découvre pas de
motifs justes qui autorisent l'horreur qu'il a
vouée au Saint-Office ; je ne vois pas que cette
institution « (2) tienne à la barbarie des opi-
» nions » ni qu'elle « (3) doive avoir des
» bourreaux pour apologistes. » Quel usage
l'homme fait-il du jugement, s'il ne l'emploie
à rectifier les erreurs qu'enfantent, dans son
esprit, les faux principes et les préjugés ?
L'auteur préféroit-il ces tribunaux qui, sur
une simple dénonciation, incarcéroient, dé-
claroient coupable avant d'avoir jugé, et
condamnoient à mort sans preuve de délit ?
Rendu à la liberté des opinions, M. Bourgoing
abjurera sans doute celles que, par circonstances, il s'étoit cru obligé de manifester
contre ce tribunal, dont il avoue l'équité.

---

(1) *Tableau de l'Espagne moderne*, v. 1, p. 385.
(2) *Idem*, vol. 2, p. 407.
(3) *Idem*, vol. 2, p. 408.

M. Olavidès : voilà le grand exemple de ce siècle, des exactions de l'Inquisition. J'ignore les causes qui ont motivé l'arrestation et puis l'exil de M. Olavidès ; mais je le vois rentrer dans sa patrie, et tandis qu'on le cite encore comme une victime du Saint-Office, il en publie la défense dans son ouvrage intitulé : *El Triumfo de la Religion* (1).

Une des raisons qui justifient l'horreur que M. Bourgoing a vouée à l'Inquisition, et qu'adroitement il rejette sur le compte des antagonistes anciens et modernes, est « (1) qu'elle » a constamment écarté les lumières de l'Es-» pagne ; qu'elle y alimente la superstition , » etc., etc. ; en un mot, qu'elle condamne » depuis deux siècles, l'Espagne à l'ignorance » et à la barbarie. » En conséquence, dans les sages conseils qu'il se permet de donner

____

(1) *Le Triomphe de la Religion* ou *Mémoires d'un Homme du monde revenu des erreurs du Philosophisme moderne.* Cet ouvrage vient d'être traduit en français sur la septième édition espagnole. Une victime qui parle en faveur de ses juges ne peut être suspectée de préjugés : l'impartialité et la justice doivent être dans ses assertions.

(2) *Tableau de l'Espagne moderne*, v. 1, p. 361.

au peuple espagnol pour le faire jouir de l'inappréciable bonheur d'une régénération, » (1) il l'engage à se guérir de ses pratiques » superstitieuses, à renverser ces autels sur » lesquels il sacrifie en tremblant, à se déli- » vrer d'un tribunal qu'il redoute autant qu'il » révère, etc., etc., à diminuer cette multitude » de prêtres et de moines qui scandalisent et » dévorent, et qui ne nuisent pas moins à la » religion qu'à l'agriculture. » Etoit-ce pour amener le peuple espagnol à ces résultats que M. Bourgoing fut envoyé ministre de France à Madrid en 1792 ?

Des rigoristes seroient peut-être autorisés à le croire, en songeant à l'événement arrivé dans l'église de Saint-Louis de la Montera, pendant qu'on y célébroit les obsèques de l'infortuné Louis XVI. (Les agens propagandistes durent dès-lors s'apercevoir que le peuple espagnol n'étoit pas encore digne des bienfaits d'une régénération.) Ils y seroient autorisés par les différens appels qu'il fait au peuple espagnol, les conseils qu'il veut bien lui donner pour son bonheur, et par l'aveu

______

(1) *Tableau de l'Espagne moderne*, v. 5, p. 342.

qu'il veut bien nous faire en nous parlant de l'esprit inflammable des Catalans. Il nous dit franchement : (1) « La cour avoit de loin res- » senti le danger ; et les prêtres fidèles à » leurs intérêts , plus encore qu'aux siens , » parvinrent à déjouer les menées *de nos* » *missionnaires.* » Il y avoit donc long-temps que ces missionnaires avoient été envoyés ! Ils étoient donc dans les articles secrets de la conduite du ministre plénipotentiaire qu'on envoyoit en Espagne pour consolider les liens entre les deux puissances ! ! Ne trouvez pas ceci mauvais, M. Bourgoing; c'est vous qui le dites ; ce sont vos propres paroles.

. Maintenant opposons M. Bourgoing à M. Bourgoing lui-même, découvrons ses contra- dictions, et prouvons-lui qu'il est encore loin de cette impartialité, premier mérite d'un écri- vain, mérite auquel il a cependant la préten- tion d'aspirer. L'Inquisition, dit-il, a cons- tamment écarté les lumières de l'Espagne; et cependant, en improuvant le gouvernement Espagnol d'avoir pris fait et cause dans un parti qui attaquoit l'honneur littéraire de son

---

(1) *Tableau de l'Espagne moderne*, v. 3, p. 3o6.

pays, M. Bourgoing dit : (1) « Une noble
» fierté, la conscience de ce qu'on vaut, doi-
» vent suffire pour rendre impénétrable à de
» pareilles atteintes ; et les Espagnols sont faits
» pour se ranger avec sécurité derrière cette
» égide. » Quelques pages plus bas il dit : (2)
« Il y a en Espagne beaucoup plus qu'on ne
» croit de savans qui cultivent dans le silence
» les sciences exactes, des érudits qui con-
» noissent à fond l'histoire et la jurispru-
» dence de leur pays, des littérateurs distin-
» gués, des poètes qui ont de la chaleur et une
» imagination brillante et féconde. — Les lu-
» mières sont cependant beaucoup plus ré-
» pandues qu'elles ne l'étoient il y a cin-
» quante ans. Le règne de Charles III peut
» citer des sujets distingués dans les diverses
» branches de sciences et de la littérature. »
Quelques pages plus bas l'auteur dit encore :
« (3) En général la littérature est depuis quel-
» que temps sur-tout beaucoup plus cultivée
» par les Espagnols qu'on ne le croit commu-

---

(1) *Tableau de l'Espagne moderne*, v. 3, p. 3o3.
(2) *Idem*, v. 1, p. 3o9.
(3) *Idem*, v. 1, p. 3i3.

nément, »

» nément. » (1) En général on doit convenir
« que les Espagnols ont sur leur propre pays
» des ouvrages utiles, et très-complets. —
» Tout le monde connoit et les plus habiles
» grammairiens ont apprécié depuis long-
» temps le dictionnaire de leur langue. » A la
page suivante, après être convenu que les Espagnols ont travaillé à étudier leur pays, sous
tous les rapports; en parlant de l'ouvrage de don
Eugénio Laruga qui a pour titre *Memorias
politicos y economicos sobre la industria, las
minas, etc. de Espana*, l'auteur dit : (2) « Il
» prouve que les Espagnols connoissent leurs
» richesses naturelles et industrielles, et qu'ils
» se sont fort occupés de les augmenter. »

« La plupart des sociétés patriotiques pu-
» blient aussi des mémoires intéressans sur les
» mêmes objets, et concourent à fortifier ces
» preuves. »

« Le goût des sciences et des arts s'est éten-
» du de la capitale aux provinces. Il y a à Sé-
» ville, à Barcelone, une académie de belles-
» lettres ; à Saragosse, à Valence, une acadé-

____

(1) *Tableau de l'Espagne moderne*, v. 1, p. 315.
(2) *Idem*, v. 1, p. 317.

F

» mie de beaux-arts; à Valladolid, une de
» géographie et d'histoire; à Grenade, une de
» mathématiques et de dessin, etc. »

Toutes ces preuves, jointes à l'énumération des bons ouvrages, la nomenclature des auteurs, d'érudits célèbres en tout genre, attestent que M. Bourgoing en disant « que » l'Inquisition a constamment écarté les lu- » mières de l'Espagne, qu'elle avoit condam- » née depuis deux siècles à l'ignorance et à » la barbarie », oublie ce qu'il avoit avancé quelques pages plus haut.

Le second reproche fait par l'auteur à l'Inquisition est « qu'elle alimente la supersti- » tion. » — En parlant de la confiance qu'ont les habitans de Penaranda dans une image de la Sainte-Vierge, sans le secours de laquelle ils auroient, disent-ils, déjà succombé vingt fois à leur infortune, l'auteur s'écrie (1): « Douces illusions que la philosophie mo- » derne a la cruauté de ridiculiser, et qu'il » faudroit peut-être entretenir au contraire » pour la consolation des pauvres, quand l'au- » torité vigilante et éclairée a d'ailleurs les

____

(1) *Tableau de l'Espagne moderne*, v. 1, p. 59.

» moyens de réprimer les abus de la supers-
» tition ! elles sont assurément bien inno-
» centes ; elles sont même précieuses ces illu-
» sions, quand elles n'ont d'autre fruit que
» de nourrir au sein des malheureux la pa-
» tience et l'espérance. »

A son entrée en Catalogne, venant de Valence, en gravissant le col de Balaguer, l'auteur rencontre une famille de pèlerins qui
avoit été chercher la santé auprès d'une image
miraculeuse de Vinaroz (1). « Une mère,
» dit-il, quatre à cinq jeunes filles, pieds nus
» et couvertes de haillons, deux enfans en
» bas âge, transis de froid et haletans de
» besoin, regagnoient péniblement leur gîte,
» et imploroient, chemin faisant, la pitié des
» voyageurs, plus facile à émouvoir que celle
» du Ciel. Quelles tristes réflexions nous firent
» faire ces victimes du sort et de la supersti-
» tion ! Famille infortunée ! elle revenoit à
» pied, sans secours, d'une course fatigante
» et infructueuse, et elle paroissoit résignée !

» Et moi, j'osois me plaindre des passages
» raboteux qui cahotoient ma berline bien

____

(1) *Tableau de l'Espagne moderne*, v. 3, p. 261.

» close , bien suspendue, pourvue du néces-
» saire , de l'utile , et même de l'agréable. Je
» me reprochois et ces commodités et mes
» murmures. » — Le reproche intérieur du
voyageur, cette résignation d'une famille infortunée , est l'apologie la plus forte de la superstition. Un de ses heureux effets est prouvé
par une anecdote que le même auteur raconte
au sujet de l'amiral Barcelo, qui affirmoit (1)
« qu'il n'avoit pas grand mérite à avoir du
» courage parce qu'il se regardoit comme in-
» vulnérable, et qui, en montrant son scapu-
» laire, assuroit très-sérieusement qu'il avoit
» vu plus d'un boulet venir droit à lui , et se
» détourner à l'approche de ce talisman. » —
D'après tous ces faits que rapporte M. Bourgoing , je ne vois pas qu'il soit fondé à
trouver mauvais que l'Inquisition alimente
la superstition, puisqu'elle produit des effets
si heureux pour le bonheur du particulier, et
si utiles au bien de l'état. — Les Russes croient
que Saint-Nicolas leur refusera l'entrée du
paradis : les Turcs , que Mahomet ne les ad-
mettra pas à la jouissance des célestes houris,
s'ils reculent devant l'ennemi. Je ne découvre

______

(1) *Tableau de l'Espagne moderne*, v. 2, p. 304.

rien de fâcheux dans ces superstitions. Si la philosophie n'avoit pas travaillé à détruire en France ces illusions heureuses qui faisoient le bonheur des peuples qu'on appeloit grossiers. Que de forfaits, que de sang épargnés ! ! !

M. Bourgoing veut ensuite « diminuer les » prêtres et les moines qui scandalisent et dé- » vorent , et qui ne nuisent pas moins à la » religion qu'à l'agriculture. » Nous renvoyons nos lecteurs au chapitre *clergé séculier et régulier*, à celui qui traite des évêques, pour y trouver la persévérance en contradiction de l'auteur, qui se laisse beaucoup trop dominer par ces principes dont il auroit dû apercevoir les erreurs. Faut-il donc que l'esprit se trouve rarement avec le sens droit et le jugement sain! Je me contenterai de citer ce que l'auteur dit des moines du monastère de Mont-Serrat , qui vivent au milieu de cette retraite solitaire (1) « sans remords, au milieu » de leurs richesses stagnantes; au sein de » l'abondance , ils se bornent pour eux-mêmes » à une heureuse médiocrité, et l'hospitalité » qu'ils exercent envers les voyageurs, est

______

(1) *Tableau de l'Espagne moderne*, v. 3, p. 270.

» presque leur seule dépense. Permis à la
» philosophie de les proscrire, à la politique
» de les réformer ; mais la cruauté seule pour-
» roit les maudire. »

Les moines de Mont-Serrat ne scandalisent
donc pas , ne dévorent donc pas !

Je terminerai le chapitre sur l'Inquisition ,
en assurant que l'on débite en France des absurdités au sujet de l'obligation d'entendre la
messe , des billets de confession, et autres
sottises qui se propagent, parce qu'elles prêtent
à la plaisanterie , qui est pour le Français le
meilleur des raisonnemens. Entend, en Espagne , la messe, se confesse qui veut ; l'Inquisition ne s'en mêle en rien , ni pour rien.

TROUPES ESPAGNOLES.

L'ARMÉE espagnole depuis long-temps appeloit l'attention particulière du gouvernement. Le prince de la Paix, nommé généralissime des troupes de terre et de mer, s'occupa particulièrement de leur organisation ; et depuis les ordonnances qu'il a rendues, les défauts et les vices ont disparu.

L'armée espagnole est organisée ainsi qu'il suit :

Infanterie de ligne : Trente-huit régimens de trois bataillons. Chaque bataillon de quatre compagnies de quatre-vingt-quatre hommes, dont soixante fusiliers. — Chaque bataillon de trois cent trente-six hommes. Chaque régiment de mille huit hommes.— Total, infanterie de ligne. . . . . . 38,304.

Un régiment d'infanterie italienne, de même force que ceux espagnols. . . . . .1,008.

Six régimens suisses de deux bataillons de mille sept hommes. . . . . .12,084.

Infanterie légère : douze bataillons de sept cents hommes. . . . . .8,400.

4

En temps de guerre, ces seize bataillons sont portés au complet de mille hommes.

Artillerie : cinq régimens de douze compagnies. Dans chaque régiment il y a deux compagnies d'artillerie légère. Trois de ces régimens ont en temps de paix douze cents hommes, les deux autres régimens n'en ont que neuf cents ; en temps de guerre, ils sont portés au même nombre que les trois premiers.

Cavalerie de ligne : douze régimens de cinq escadrons de cent hommes montés. Cinq cents hommes par régiment. Total, cavalerie de ligne..............................6,000.

Cavalerie légère : six régimens de chasseurs à cheval, même force que ceux de cavalerie. Six régimens d'hussards, même force.6,000.

TOTAL DE L'ARMÉE :

	pied de paix.	*pied de gu rre.*
Infanterie.	59,796.	98,200
Cavalerie	12,000.	12,000
Artillerie	5,400.	6,000.
Sapeurs.	1,400	1,400.
	78,596.	117,600.

Le corps du génie est formé de cent quatre-vingt-seize officiers, qui fournissent un régiment de deux bataillons de sapeurs et mineurs. Total. 1400 hommes.

En sus de ces forces, il y a quatre régimens de grenadiers provinciaux, d'un bataillon chaque de sept cents hommes ; et en outre, quarante-deux régimens d'un bataillon de milices organisées, mais qui ne prennent les armes qu'en temps de guerre. Total. 32,200 hommes de milice.

Il est peu d'état militaire en Europe qui ait un corps de milice mieux organisé, et qui soutienne mieux la réputation de valeur dont jouit la nation espagnole.

En temps de guerre, les villes principales forment des milices citadines (*milicias urbanas*) pour la garde desdites villes.

Le généralissime a formé un état-major d'armée, corps inconnu jusqu'alors en Espagne.

Pour commander ces forces de terre, S. M. C. a présentement : un généralissime , sept capitaines-généraux (grade qui équivaut à celui de maréchal-de-France), cent trois lieutenans-généraux , cent soixante-deux maréchaux-de-camp, et deux cent soixante-trois brigadiers.

Tous ces officiers sont payés, en paix et en guerre, sur le pied suivant :

Lieutenans-généraux employés................. 120,000 réaux (30,000ᴸ)
Idem, non employés. 45,000 (11,850)
Maréchaux-de-camp employés.............. 60,000 (15,000)
Idem, non employés. 30,000 (7,500)
Brigadiers............ 12,000 (3,000)

Depuis la nouvelle organisation, le soldat espagnol jouit d'une demi-piécette par jour (dix sols de France). Tous les appointemens des oficiers ont été augmentés depuis le grade de colonel inclus jusqu'au sous-lieutenant ; et l'on peut dire qu'après l'armée anglaise, des armées d'Europe, l'espagnole est la mieux payée.

Le sang-froid du Hongrois dans la retraite, le feu du Français dans l'attaque ; subordination passive, patience à toute épreuve, sobriété portée au point de contenter l'homme en campagne avec un oignon ou une sardine, pourvu qu'il ait des sigarres à fumer ; dur à la fatigue, ne se rebutant pas de la longueur d'une marche, couchant d'habitude sur la dure (dans les casernes il faut veiller à ce que les soldats couchent dans leurs lits; ils préfèrent le pavé des cours) : telles sont les qualités de l'Espagnol, que l'on peut mettre sans partialité à la tête des bons soldats d'Europe. Il déserte peu, parce qu'il est attaché à son pays.

M. de Langle prétend « qu'aussitôt qu'il » voit couler son sang, son camarade tomber » mort à côté de lui, il perd courage, aban- » donne ses rangs, quitte ses drapeaux, et re- » commande son ame à Dieu. » Il recommande son ame à Dieu, cela seul est vrai ; mais c'est avant d'aller au feu, et non en fuyant le danger. Il n'est rien que n'entreprenne ce soldat chrétien après avoir reçu l'absolution et la bénédiction de l'aumônier de son régiment.

Ce sont ces soldats que l'auteur *du Génie du Christianisme* eût pu citer à la suite de ceux des Duguesclin, Bayard, Montmorency.

L'expulsion des Maures du royaume d'Espagne, la conquête du Mexique, les Vieilles-Bandes, la journée de Pavie, celle de Saint-Quentin, les champs d'Almanza, de Villaviciosa : voilà les annales que M. de Langle s'est gardé de consulter. Plus récemment, la conquête de la ligne des Pyrénées par cinq mille hommes, commandés par don Antonio Ricardos ; la prise de Bellegarde par ce même général ; la défense de ce château par le marquis de Vallesantaro, présentement gouverneur de Barcelone ; la défense de Rosas par le général Izquierdo ; la prise de Castel-Pignon, en Navarre, par le général en chef don Ventura-Caro ; la défense de cette frontière par le même général, n'ayant que 8,000 hommes de troupes de ligne pour couvrir trente-deux lieues de pays attaquées par un ennemi supérieur : voilà encore les faits qu'eût pu citer M. de Langle.

Depuis la réorganisation de l'armée, l'officier est assujéti à des études qui le mettront à même de paroître en ligne avec succès. Il seroit à desirer que l'on proscrivit l'usage des cafés, point de réunion des officiers qui ne sont pas stimulés par l'amour de leur profession ; lesquels dans ces maisons perdent leur temps, et n'ont d'autre occupation que celle de s'y ennuyer. Là, plus de broderies, plus de galons : lieutenans-généraux, colonels, cadets, tout est confondu dans la fumée des sigarres, l'égalité règne autour d'une table de billard. Le soldat ôte son chapeau quand il passe devant le café, car il sait que son officier y est; le sergent va trouver celui-ci pour lui communiquer l'ordre, lui rendre compte de la compagnie, dont cet officier se mêle très-peu. Cet abus paroîtra sans doute majeur au généralissime, quand il pourra entrer dans les détails du militaire qui lui est confié.

L'artillerie a une école à Ségovie. Cette école peut aller de pair avec les écoles françaises: il en sort des officiers très-instruits. En général, le corps de l'artillerie est composé de gens de mérite; ils en ont donné des preuves lors de la dernière guerre contre la France.

Le génie a aussi une école à Zamora : l'école est bonne; il en sort des officiers de distinction.

Je terminerai le chapitre concernant les troupes de terre, en assurant qu'avec ses propres forces, ses soldats commandés par des officiers choisis, dirigés par des généraux instruits, le roi d'Espagne peut garantir ses frontières d'une invasion. Deux points seuls sont attaquables, malgré l'assertion d'un ex-ministre plénipotentiaire, lequel, dans ses reconnoissances militaires, a découvert soixante-quinze passages dans les Pyrénées; desquels, suivant lui, sept sont propres à l'artillerie, depuis le col de Baguels jusqu'au Val-d'Aran. — Le Guipuscoa et la Catalogne: voilà les deux seuls points d'attaque. Soixante mille hommes suffisent en Catalogne; quarante mille défendront le Guipuscoa et la Navarre; ces deux provinces ne forment qu'une ligne de défense. Quant à l'Aragon, dix mille hommes garderont les défilés des Pyrénées qui couvrent ce royaume.

On pourroit établir à Saragosse une armée de réserve de vingt mille hommes, destinée à alimenter les armées actives, et à soutenir le point qui foibliroit. Les côtes d'Espagne sont à l'abri d'une descente.

En cherchant à prouver que l'usage des femmes augmente le courage du soldat au lieu de l'énerver; aux preuves que M. de Langle donne à l'appui de ce principe, et dans lesquelles il fait entrer les trois cents Spartiates des Thermopyles, les Grecs, les Romains de Marathon, de Pharsale, les soldats du duc d'Albe envoyés en Flandre par Philippe II pour apaiser les rebelles; il insère le livre des Machabées, et dit : « On y verra David, » pour l'amour de la belle Michol, s'engager

» d'aller couper........ les oreilles à trois mille
» Philistins. » Quelle saleté d'imagination !
quelle indécence dans ces points ! Il n'est
qu'un homme déhonté, dépravé, qui puisse
se permettre de rompre ainsi toutes les con-
venances de société.

MAISON DU ROI.

SEPT mille trois cents hommes composent la maison royale ; ils sont ainsi divisés : Quatre compagnies de gardes-de-corps à cheval, de cent cinquante hommes chacune. La première porte le nom de compagnie Espagnole ; la seconde de compagnie Américaine ; la troisième de compagnie Italienne, et la quatrième de compagnie Flamande : cette dernière est la seule où les étrangers soient admis. Une compagnie d'hallebardiers de cent hommes : ils sont choisis parmi les sergens des Gardes Espagnoles et Wallonnes.

Deux régimens de Gardes à pied : les Gardes-Espagnoles et les Gardes-Wallonnes. Chacun de ces corps est composé de trois bataillons de mille hommes. Ils servent non-seulement à la garde du Roi, mais ils sont toujours les premiers à marcher aux armées. Pendant la dernière guerre contre les Anglais, un bataillon des Gardes-Wallonnes fut envoyé à Surinam, pour défendre cette colonie hollandaise.

En

En parlant des Gardes-Wallonnes, je ne puis me dispenser d'entrer dans quelques détails sur ce corps immortalisé par cent ans de gloire et de fidélité. Philippe V en le créant, ordonna qu'il seroit exclusivement composé, en officiers et soldats, de natifs des provinces de France, autrefois sous la domination espagnole. Ce principe a été suivi jusqu'à la déclaration de guerre contre la France. A cette époque, le recrutement étant devenu impossible, et ce régiment toujours au feu, ayant perdu quantité d'officiers et la grande majorité des soldats, Charles IV a permis l'admission des Français en général, des Espagnols même, en qualité d'officiers, et a autorisé le recrutement dans l'étranger sans distinction de pays. Ce mélange a changé l'esprit de ce corps ; mais s'il n'a plus le même ensemble, il a toujours le même courage, et la même fidélité.

Philippe V, oubliant un moment les services de ses Gardes-Wallonnes, laissa pressentir son projet de les réformer. Je ne crois pas hors de propos de faire connoitre les représentations que le duc d'Havré, frère du comte de Priego, lequel avoit formé ce corps, mit aux pieds de S. M. C. Si dans cette lettre on ne trouve pas

G

l'élégance du style actuel, on y trouvera cette loyauté et cette respectueuse énergie, caractères distinctifs des chevaliers d'autrefois ; caractères si différens de celui de ce siècle, qu'en les retraçant, on craint de passer pour un faiseur de romans.

SIRE,

Deux motifs m'obligent aujourd'hui de m'adresser à Votre Majesté, dans la triste conjoncture où se trouve son régiment aux Gardes-Wallones, à la veille d'une réforme aussi grande dont il est menacé : l'un, qui me doit être le plus cher, est celui d'avoir l'honneur de remplir un emploi aussi honorable, et qui me lie par mes sermens, à ne lui rien cacher de tout ce que je croirois être du bien de son service ; l'autre, un amour naturel pour une nation dont je fais partie, laquelle, en vue comme moi de répandre son sang pour le service de Votre Majesté, est résolue d'y périr ensemble, ou d'y jouir de l'honneur de la maintenir sur le trône où par son sang elle étoit si justement appelée.

Pour remplir ces deux devoirs également, je supplierai Votre Majesté de me permettre de lui rappeler le temps de la création du régiment, et de la faire ressouvenir des marques de bonté que reçut ce corps, lorsqu'il se dévoua à abandonner sa patrie pour se rendre en Espagne, tant par les ordres de V. M. que par ceux de S. M. T.-Chr.

Le marquis de Bedinar, qui pour lors commandoit dans les Pays-Bas, chargé de l'exécution des volontés de Votre Majesté, chercha avec toute l'exactitude possible toutes les personnes recommandables, tant par leur condition que par leur mérite, pour composer un corps sur lequel Votre Majesté avoit jeté les yeux pour la garde de sa personne. Un tel honneur fit concourir avec empressement toute la noblesse, qui desira à l'envi les uns des autres, l'honneur de venir se sacrifier à la vue de Leurs Majestés. La félicité dont ils se flattoient fut bientôt évanouie, par les ordres envoyés pour suspendre la levée du corps. Mais ce nuage fut aussitôt dissipé par de nouveaux ordres que Votre Majesté envoya pour le faire partir pour l'Espagne; dans la confiance desquels les mêmes sujets prirent la résolution d'abandonner, à tout événement, leur patrie; laquelle les envoya pour des garans d'une fidélité inviolable et inébranlable.

La première campagne de Portugal qui s'ouvrit à leur arrivée, ne leur laissa pas le temps de souhaiter des occasions de marquer leur zèle et leur courage, par la quantité de places qu'ils contribuèrent à soumettre à l'obéissance de Votre Majesté, du nombre desquelles fut Mons-Sancto, premier théâtre où commença à couler le sang de ses officiers. Cette conquête fut finie par la prise de deux bataillons hollandais qui se rendirent aux compagnies des grenadiers du régiment, et ces expéditions finies, Votre Majesté prit la résolu tion de former le siége de Gibraltar, où elle trouva à propos d'y envoyer son régiment aux Gardes-Wallonnes.

Le récit de toutes les actions glorieuses et particulières qui se sont passées à la vue de toute la marine française, qui se distingua avec tous les honneurs possibles, et qui nous a toujours rendu la même justice, seroit d'un trop long détail. Il suffira de la faire souvenir de la perte d'un bataillon, tant en officiers qu'en soldats ; le régiment n'y reçut cependant aucun secours, ni de prêt ni d'appointement.

Les difficultés qu'il y avoit à les rétablir ne découragèrent pas les officiers de ce corps ; et quoique la faction trop connue à Votre Majesté, qui avoit fait tous ses efforts pour empêcher son arrivée en Espagne, en redoublât encore pour profiter d'une conjoncture aussi triste, et qui les croyoit infaillibles à ses desseins, ces officiers bien loin d'être abattus par leurs disgraces, s'en relevèrent avec tout l'éclat possible ; rétablissant leurs troupes et les augmentant à leurs propres frais, méritèrent par un attachement si singulier, que Votre Majesté les honorât des espérances qui leur furent données par feu mon frère, de sa part, de les maintenir et conserver toujours. A peine le régiment achève-t-il de donner à Votre Majesté ces marques nouvelles de son zèle, que les royaumes de Valence, Catalogue et Aragon se révoltèrent ; et dans cette conjoncture elle jugea à propos d'y envoyer un gros détachement de soldats et de grenadiers, qui se signalèrent dans toutes les occasions qui se présentèrent, et sur-tout à l'attaque de San-Mathéo et Villa-Réal, où le corps eut vingt officiers tués ou blessés, et un grand nombre de soldats. Les restes du régiment continuèrent leur service dans cette province jusqu'au temps que la reine ordonna d'aller joindre l'armée que commandoit M. le maréchal de Berwick, en Estramadoure, finissant la campagne sous les ordres de Votre Majesté, après l'avoir jointe à Liença.

L'année d'ensuite fut trop glorieuse au régiment pour la passer sous silence, puisqu'il contribua à affermir Votre Majesté sur le trône, par le gain de la bataille d'Almanza, la plus mémorable qui fût jamais, où un des derniers bataillons avec la brigade du Maine eurent l'avantage d'assurer entièrement la victoire à Votre Majesté. Finissant cette campagne par la prise de Lérida, où il eut l'occasion, par sa valeur accoutumée, de s'acquérir l'estime de monseigneur le duc d'Orléans, il voulut bien encore nous le confirmer dans celle d'ensuite, où le régiment eut l'honneur de partager avec toutes les troupes de son armée, l'honneur de la conquête de Tortose.

Votre Majesté ayant résolu de suivre les projets qui lui avoient été présentés par le marquis de Bay, ajouta une nouvelle confiance à toutes

celles dont elle avoit honoré le corps , en lui ordonnant de s'y rendre pour l'exécution de ses entreprises, que rendit glorieuse le gain de la bataille de Gudina , d'où après avoir assuré les
frontières d'Estramadoure, il reçut l'ordre de se
rendre de nouveau en Catalogne, chargé lui seul
avec le régiment des Gardes-espagnoles, de garder tout le cours de la Cinca , dans le temps que les
troupes françaises eurent ordre de se retirer.

Votre Majesté se rendit elle-même à l'armée
l'année d'ensuite ; et quoique les premières actions
de cette campagne n'aient pas été heureuses, elle
n'ignore pas cependant que la victoire de la bataille de Saragosse n'a pas été en doute , et où le
régiment a combattu les ennemis , mélant son
sang avec celui de mon frère , qui eut le malheur de perdre la vie au commencement de cette
affaire ; et accablé par toute l'armée ennemie ,
ils sut se faire un passage les armes à la main , et
assurer la retraite aux débris de l'armée, avec autant de fermeté dans cette disgrace, que de gloire
dans les plus heureuses. Permettez-moi ; Sire ,
de faire souvenir à Votre Majesté des termes
trop honorables pour moi, et dont je ne perdrai
jamais la mémoire, qui seuls, en m'accordant le
régiment , pouvoient apporter quelques conso-
lations à la grande perte que je venois de faire.
Vous m'assurâtes, Sire, avec la reine défunte,
que jamais Votre Majesté n'oublieroit les preuves
de fidélité que toute ma nation venoit de lui si-

gner de son propre sang, et qu'elle vouloit nous dévouer la gloire de le rétablir sur son trône; et qu'elle n'auroit pas de plus parfaite satisfaction de s'y voir tranquille, que pour répandre des graces, des bienfaits, des honneurs sur tant de dignes officiers, entre les mains desquels elle remettoit entièrement sa personne, m'ordonnant de les en assurer. Ce que j'ai exécuté avec d'autant plus de joie, que je savois que c'étoit la plus grande consolation qu'ils pouvoient recevoir; et que plus Votre Majesté exigeroit d'eux, plus ils rechercheroient les occasions de lui montrer leur zèle. Et quelle plus grande preuve, Sire, après la perte de mille hommes, plus de 4o officiers tués, blessés ou prisonniers, qu'un reste de débris d'un corps chargé de blessures encore sanglantes, et plus animé par la présence de Votre Majesté, par l'exemple du duc de Vendôme et par leur courage, que par confiance en leur nombre, ait su venger Votre Majesté, et la mort de leurs confrères, par la défaite entière de huit bataillons, étendus dans les champs de Villa-Viciosa, mettant aux pieds de Votre Majesté quatorze de leurs drapeaux, quoiqu'encore fatigués de l'assaut de Brignega, qui a servi de commencement à une journée dont la mémoire se conservera éternellement!

Il ne s'est pas passé la moindre action, Sire, après toutes celles que je rappelle à Votre Majesté, où le régiment n'ait assisté. Les travaux du camp de Calaf, le siége de Cardonne, tous les mouvemens que le prince de Cerclas a fait exécuter depuis, ont toujours été accompagnés du régiment. Et enfin, Sire, nous pouvons nous flatter d'avoir terminé cette guerre aussi glorieusement que nous l'avons commencée, puisqu'outre toutes les actions particulières et avantageuses qu'ont remportées les détachemens du régiment qui ont marché dans les montagnes aux ordres des différens officiers-généraux, personne n'ignore la manière avec laquelle il a servi pendant le blocus de Barcelone; et enfin le nombre infini d'officiers et de soldats qui se sont sacrifiés à l'assaut général de cette place pour assurer à Votre Majesté l'entière possession de ce royaume.

Trop heureux de lui marquer son zèle en lui donnant des marques d'une fidélité inébranlable, de s'acquérir dans l'Europe une réputation digne d'un corps aussi illustre, il peut se flatter d'y avoir réussi. Malgré toutes les traverses et difficultés qu'il a eu à combattre, et quoique Votre Majesté se fût expliquée hautement contre ceux qui venoient lui en proposer la ruine, les oppositions qu'en tout on leur a fait rencontrer, ont été continuelles, et ils doivent uniquement à leurs soins et application, leur entière conservation. Si Votre Majesté veut faire attention que le seul motif des actions du régiment n'a été qu'un attachement le plus sincère et le plus pur qui fût jamais; les services qu'il a eu l'honneur de lui rendre, auront encore à ses yeux un nouveau mérite.

Il n'est pas étonnant, Sire, que par des bienfaits infinis, les rois s'attachent des sujets de mérite à leur service; mais il ne s'est guères vu qu'un nombre de personnes distinguées par leur naissance et par leur valeur, s'y livrent sans autre vue que l'ambition de contribuer à la gloire de Votre Majesté.

Le désintéressement ne sauroit paroître avec plus d'éclat que dans le régiment, puisqu'il est à naître qu'aucun officier ait jamais réçu aucune pension ou gratification, de quelle nature que ce puisse être, ni même le moindre secours pour ceux qui ont été estropiés et couverts de blessures au service de Votre Majesté.

Cependant, Sire, tous ceux qui composent ce corps aujourd'hui ne sont pas si destitués des avantages de la fortune dans les biens qu'ils possèdent par leur famille, qu'ils n'aient encore fait un nouveau sacrifice, en abandonnant le secours qu'ils pouvoient en tirer par la perte de la Flandre.

Bien loin de faire valoir ces raisons, jamais aucun d'eux n'a balancé de suivre le parti qu'ils avoient si justement embrassé; et jamais aucun d'eux n'a pensé à prétendre des indemnisations pour les pertes considérables qu'ils faisoient, tant qu'ils pouvoient espérer des bienfaits par leur mérite. Et seroit-il possible que tant de services, tant de zèle, tant de désintéressement et de si au

thentiques services et sacrifices, ne parlassent pas
en faveur d'un corps qui n'a jamais songé qu'à
ajouter de nouvelles preuves à toutes celles de fidélité qu'il a données à chaque instant ! Se pour-
roit-il que tant de raisons ne le missent à couvert du sort d'une réforme dont il est menacé, et
qui entraîne avec soi la perte de toute une nation
qui n'a rien à se reprocher ! Permettez-moi, Sire,
de vous représenter avec tout le respect possible,
qu'un instant peut décider de sa destruction, mais
que le rétablissement en deviendra pour toujours
impossible.

Veuillez, Sire, considérer qu'outre l'intérêt
personnel qui par des raisons sans nombre, pourroit obliger Votre Majesté non-seulement à ne
pas prononcer cette sentence, mais encore l'engager à maintenir une nation si fidelle, qu'il est
aussi de la justice de ne pas nous réduire à une
extrémité cruelle à laquelle nous nous voyons
exposés ; puisqu'enfin c'est Votre Majesté qui a
tiré tant d'officiers de cette nation, de leurs maisons paternelles, auxquelles il n'y a aucun retour,
et qui seront peut-être toujours fermées pour eux.

C'est par ses ordres que les ministres de Votre
Majesté ont engagé feu mon frère, à être garant
du sort heureux qu'on leur promettoit dans vos
domaines; c'est sur une autorité aussi sacrée qu'il
s'est mis à leur tête pour les y conduire ; c'est enfin, Sire, sur toutes ces assurances que lorsque
les alliés, après la bataille de Ramillies, s'empa-

rant de la Flandre, envoyèrent des évocatoires,
aucun officier ne laissa abattre sa constance et **sa**
fermeté, dans la résolution de se sacrifier uniquement pour son service. C'est dans ces sentimens
si agréables à Votre Majesté que j'ai trouvé tout
le régiment, lorsqu'elle me fit l'honneur de m'en
donner le commandement, et c'est dans le même
esprit qu'il s'est maintenu jusqu'aujourd'hui.

Mais si enfin tant de motifs ne peuvent toucher
sa clémence, et que notre sentence soit irrévo-
cable, je la supplie très-humblement au nom de
tout le corps, qui parle par ma bouche, de ne
pas nous désunir. Nous avons toujours été unis
lorsqu'il s'agissoit de la gloire de Votre Majesté,
nous avons partagé tout l'honneur qui a rejailli
sur le corps ; si nous avons pu lui déplaire, il est
juste que nous en supportions tous le châtiment.
Si l'état présent des affaires de Votre Majesté l'o-
blige sans ressource à en venir à cette extrémité,
qu'elle ait la bonté de considérer que le sacrifice
que nous avons fait est général, et qu'ainsi notre
destinée doit être la même à tous, qui sans doute
ne peut être que bien malheureuse, puisque sans
aucun asile dans le sein de notre patrie, nous
nous verrons réduits à traîner une vie errante et
languissante, que tant de services et d'actions
glorieuses autorisées par tant de promesses, dont
Votre Majesté peut se souvenir en se rappelant
le temps où le régiment lui a été le plus utile,
devroient nous assurer heureuse.

Il ne nous reste plus, Sire, qu'à supplier Votre Majesté de faire attention à tout ce que j'ai l'honneur de lui représenter, et à lui demander encore au nom du.corps son entière conservation dont l'union est inséparable. Mais quel que soit notre sort, il nous restera toujours la consolation d'avoir affermi Votre Majesté sur son trône, et de l'y laisser tranquille.

C'est là l'honneur que rien ne nous saurait ravir, et qui nous tiendra lieu de toute récompense.

SIRE,

DE VOTRE MAJESTÉ,

le très-fidèle sujet,
duc D'HAVRÉ.

Philippe V fut frappé des représentations du colonel de ses Gardes-Wallonnes; ils furent conservés, et se sont maintenus à travers les intrigues, que le généralissime a récemment déconcertées, en donnant à ce corps une nouvelle formation qui assure son existence, et qui lui procurera les moyens de prouver de nouveau sa fidélité et son courage.

En conservant les Gardes-Espagnoles et les Wallonnes, le prince de la Paix s'est rappelé ces paroles mémorables de Charles III, pa-

roles qui sont l'histoire de ces deux régimens.
— Charles III s'éloignant de Madrid, révolté
contre le ministre Squilace, arrive sans gardes
au château d'Aranjuez. S'étant mis aux fenêtres du palais, son inquiétude augmente
par la vue des baïonnettes qu'il distingue
dans un tourbillon de poussière. Il s'imagine
que le peuple de sa capitale le poursuit; et
les ordres sont immédiatement donnés pour
le départ. Le Roi étoit au moment de monter
en voiture, lorsqu'un des officiers envoyés
pour reconnoître, apprend à S. M. que les
troupes qu'on aperçoit sont les deux corps aux
Gardes. « Qu'on me débotte, répond Charles;
» je suis tranquille : mes Gardes arrivent ; je
» vais me reposer. » Un batailllon des Gardes-
Espagnoles, un des Gardes-Wallonnes avoient
fait sept lieues en trois heures.

CARABINIERS ROYAUX.

CE corps de six cents hommes, faisant partie de la maison du Roi, est sans doute le plus beau qu'on puisse voir; je n'ai rien encore vu qui puisse lui être comparé Ii soutient la réputation dont jouit la cava'erie espagnole. Il est composé de quatre escadrons de grosse cavalerie, un de chasseurs, et un d'hussards.

Choisi dans les régimens de l'armée , le carabinier doit avoir fait huit années de service, sans avoir subi une seule punition. Admis à ce corps d'élite, il s'engage pour la vie, ce qui s'appelle (*romper el papel*) ; et comme si le mariage étoit incompatible avec les qualités d'un militaire, il fait serment de se consacrer au célibat. Il nous seroit difficile de rendre le sentiment qu'on éprouve en contemplant cette réunion respectable de militaires déjà vieillis sous les armes, lesquels, pour la défense de leur Roi, ont renoncé pour la vie au bonheur de ce monde. Comme le religieux qui se sépare de la société , afin de s'occuper uniquement de son salut, le carabinier se lie par des liens indissolubles, et prononce les mêmes vœux. Aussi dans ce corps compte-t-on autant de héros que de soldats. Les philosophes qui liront cet article, auront peine à retenir un sourire ; mais nous doutons qu'ils se mettent en ligne devant cette brave milice.

Les officiers de ce corps sont aussi choisis dans l'armée. Le carabinier qui se rend coupable de quelque délit est dégradé et livré aux tribunaux civils ; car on ne présume pas qu'aucun individu formant ce corps, puisse s'écarter de son devoir.

MARINE.

SOIXANTE vaisseaux de ligne, cinquante frégates, corvettes ou cutters composoient la force navale d'Espagne, à l'ouverture de la guerre de 1793. A cette époque, les arsenaux étoient combles; mais par les fréquentes *fraternisations* des escadres du Directoire avec les arsenaux des ports de Cadix, du Ferrol et de Carthagène, S. M. C., à moins de très-grands efforts, ne pourroit pas armer les forces qui lui restent, qu'on estime à cinquante vais- de ligne et cinquante-sept frégates.

La marine matérielle est superbe; la construction est sur le gabari français. Les vaisseaux construits à la Havane sont de bois de cèdre, bois qui, comme l'on sait, a le grand avantage de ne pas éclater en recevant le boulet, qui n'y fait que son trou.

M. de Jovellanos, dans un savant ouvrage qui a pour titre: *Deley agraria*, affirme que les Pyrénées, depuis le cap de Creus en Catalogne jusqu'au cap Finistère en Galice, fourniroient

fourniroient des bois de construction pour plusieurs siècles. Il croit qu'on peut sortir des Asturies, les bois pour plusieurs escadres. L'Espagne abonde en matières premières pour les objets de mer.

Les écoles pour la marine, établies dans les différens départemens, fournissent des officiers instruits. Nous ne nous occuperons pas de relater les hauts faits de la marine espagnole, qu'on juge assez légèrement dans l'étranger. Don Juan de Gravina, l'amiral Manzaredo, le marquis del Socorro, don Juan de Langara, passeront partout pour des officiers d'une grande distinction.

La défense de Rosas est due en grande partie à la bravoure et aux talens de l'amiral Gravina ; le malheureux combat du cap Saint-Vincent prouveroit en faveur des Espagnols, si l'on pouvoit convenir qu'un général de mer, ainsi qu'un général de terre, ne doit être que courageux. — L'amiral espagnol ayant connoissance de l'ennemi, fait signal de chasse. Il se trouvoit à l'avant-garde, et sans attendre le ralliement de ses vingt-huit vaisseaux, il force de voiles avec les sept qui étoient avec lui. Sa flotte étoit éparpillée, l'escadre anglaise manœuvra pour couper cette division : elle y réussit, et quinze vaisseaux en battirent sept. Cinq furent pris; mais le vaisseau amiral *la Trinité*, attaqué par cinq vaisseaux anglais, dut au courage de son équipage et à la manœuvre hardie du comte d'Amblimont, de ne pas tomber au pouvoir des ennemis.

Sur quarante-sept voyages autour du monde, depuis l'an 1519 jusqu'en 1804, quatorze ont été faits par les Espagnols. — Récapitulons-les, pour prouver que c'est à cette nation que nous devons une partie des connoissances dont nous nous enorgueillissons. — Magellan fut le premier qui, en 1519, tenta un voyage autour du monde. Quoique Portugais d'origine, il doit être considéré comme Espagnol, puisque cet officier fut naturalisé par Charles-Quint. Après lui vinrent Garcia de Loaysa, Portugais comme lui, au service d'Espagne. Il s'embarqua en 1525.— Alphonse de Salazar, aussi en 1525.—Alvar Saavedra en 1526. — Barbosa, Fernand Sato, Ferdinand Grijalva et Alvaredo en 1537. — Gaëtan en 1542. — Alvar de Mandanna en 1567. — Juan Fernandez en 1576.

—Alvar de Mandanna en 1595.—Pedro Fernandez de Quiros, y Louis Vaes de Torres en 1606. — Malespina en 1793. Les Anglais comptent dix-sept navigateurs qui ont fait les mêmes voyages, les Français douze, les Hollandais cinq, et les Napolitains un.

PLACE MAYOR.

LA PLACE MAYOR est la plus considérable des six places qui sont à Madrid. Son circuit est de mille cinq cent trente-six pieds. Cent trente-six maisons, à cinq étages, ornées de balcons, et soutenues par des piliers qui forment galeries, font les quatre côtés de cette place.

Le coup d'œil en est infiniment agréable. M. de Langle nous assure que « c'est une « place d'une médiocre grandeur, très-irré- » gulière, et dont l'enceinte est formée par » des bâtimens fort communs. » En ceci, M. de Langle ne se trompe que de trois manières: « Médiocre grandeur. » Elle a mille cinq cent trente-six pieds de circuit. — « Très-ir- » régulière. » Elle est carrée. — « Bâtimens » fort communs. » Les maisons dont elle est ornée sont belles et hautes. Il prétend que cette place sert de théâtre aux combats des taureaux : elle ne sert à cet usage que dans les fêtes royales. L'endroit destiné à ce spectacle est hors de Madrid, en sortant par la porte d'Alcala.

Dans une de ses exclamations sublimes, M. de Langle s'écrie : « Qu'eût dit l'orateur » romain s'il eût vu dans la ville même de » Rome ces gibets permanens qui, en Espagne, « en France et ailleurs, déshonorent les places » publiques? » Je commencerai par rappeler à M. de Langle, qu'à Madrid on ne dresse l'échafaud que le jour du supplice d'un coupable. Je lui demanderai ensuite ce qu'eût dit ce même Cicéron qu'il interpelle, ce Romain qui desiroit que l'époque de son consulat devînt celle de la disparition des croix, des roues et autres signes patibulaires, si après un sommeil de tant de siècles, reparoissant sur la terre pour voir les progrès de la morale et des lumières; traversant la France à l'époque du règne du *philosophisme*, il eût été arrêté sur les grands chemins par une armée révolutionnaire, traînant après elle, et en triomphe, l'instrument redoutable de la mort? Qu'eût-il dit, si traversant les campagnes solitaires, jadis asiles de l'innocence, il eût rencontré des légions de cannibales, portant sur leurs drapeaux comme dans leur cœur, l'inscription *mort aux vertueux, mort aux riches?* Qu'eût-il dit, si à travers les ruines, les décombres, les tombeaux, arrivé enfin dans la capitale du monde policé, il eût aperçu en première perspective, une guillotine en permanence placée dans une rivière de sang ? Qu'eût-il dit si, attiré par le desir de connaitre ces Romains-Français du dix-huitième siècle, qui se comparoient aux Romains-héros qu'il avoit gouvernés, il fût monté à la tribune de ces philosophes qui travailloient à la régénération et au bonheur du genre-humain ; s'il eût entendu proférer que l'insurrection étoit le plus saint des devoirs; — s'il eût entendu ordonner une guerre à mort. — Mettre aux voix la vie ou la mort du juste. — Lire la journalière et nombreuse liste des innocens égorgés judiciairement. — Décréter que le peuple Français reconnoissoit l'immortalité de l'ame, etc. etc. Qu'eût-il dit alors ? M. de Langle, c'est vous que j'interpelle maintenant. — Vous vous taisez : — vous avez honte de vous - même. — Eh bien ! je vous répondrai en son nom; je saisirai le moment où, détournant ses regards, ce Romain vertueux, avant de se replonger dans l'éternité, nous retrace ce précepte qu'il

donnoit à son frère Quintus, gouverneur d'A-
sie : — « Que votre licteur soit le ministre,
non de la rigueur, mais de votre bonté; que
vos faisceaux et vos haches soient les enseignes
de votre dignité plus que de votre puissance;
que personne n'ignore, dans votre province,
que le salut, les enfans, l'honneur et le bien
des peuples que vous gouvernez vous sont
extrêmement chers. Enfin, que tout le monde
soit persuadé que ceux qui auront pris ou
donné quelque chose, vous déplairont également, si vous apprenez leur corruption. »
(*Sit lictor, non sævitiæ, sed tuæ lenitatis
apparitor; majoraque præferant fasces illi ac
secures dignitatis insignia quàm potestatis.
Toti denique sit provinciæ cognitum, tibi om-
nium quibus præsis, salutem, liberos, fa-
mam, fortunas esse carissimas. Denique
hæc opinio sit, non modò iis qui aliquid ac-
ceperint, sed iis etiam qui dederint, te inimi-
cum, si id cognoveris, futurum.* — Epist. V,
Marcus Quinto fratri, S.)

Prédicateurs de place.

Semaine Sainte.

« Soir et matin, tous les jours et sur toutes
» les places, on peut entendre, à Madrid, la
» parole de Dieu.

» Un moine s'empare d'un coin, d'où,
» monté sur un banc ou sur une pierre, il
» prêche et fait pleurer la canaille et les
» passans.

» La foule est prodigieuse. Tant mieux
» pour les filoux, tant mieux pour les catins;
» les uns vident les poches, les autres arran-
» gent des parties, et le sermon finit par des
» vols, par des mariages, et par une quête,
» durant laquelle le prédicateur, d'une voix
» terrible, charge d'anathêmes et de malé-
» dictions, les pécheurs endurcis qui ne don-
» neront rien.

» On ne devineroit jamais où ces saltim-
» banques vont chercher, ont trouvé les quo-
» libets, les impertinences qu'ils débitent. Le

» délire de l'imagination ne peut aller plus
» loin. S'ils prêchent la Passion ou la Nais-
» sance de Jésus-Christ, il semble qu'ils
» étoient là; ils ont tout vu, tout entendu ;
» ils donnent le signalement d'Hérode, de
» Pilate, de Pierre, des frères Zébédée; ils
» font le portrait de Marie, de Joachim, de
» Joseph : à les croire, ils ont causé avec les
» Mages; ils ont vu l'étoile; ils ont déployé
» les langes, ils ont bercé l'enfant ; à les en-
» tendre parler de Nazareth et du Tabor, on
» diroit que les rochers se sont fendus, que
» les voiles du temple se sont déchirés devant
» eux ; à les croire, on parieroit qu'ils ont
» parcouru tous les coins, tous les recoins,
» tous les buissons du Liban, du Calvaire,
» qu'ils s'y sont promenés, qu'ils y ont chassé,
» et qu'ils en reviennent. »

Tel est le style intéressant et touchant
qu'emploie M. de Langle, né catholique-
romain, pour apprendre à ses lecteurs qu'à
Madrid des religieux prêchent sur les places
publiques. Ici sa narration est exacte; mais
pourquoi cet épisode de filoux, de catins,
dont il tire un si grand parti pour embellir
son récit? Il nous prouve, par cette observation

judicieuse et profonde , qu'il s'est beaucoup plus occupé des dernières sur-tout , que du prédicateur et du motif qui déterminoit ce ministre de l'Evangile à monter sur un banc ou sur une pierre. M. de Langle oublioit sans doute en ce moment (1) qu'il avoit trente ans , et cet oubli l'empêchoit de réfléchir que la parole d'un Dieu de paix ne sauroit être trop répétée à un peuple échauffé par un soleil de quarante degrés; qu'elle est et sera toujours préférable dans tous les temps, et dans tous les climats, aux vociférations désorganisatrices d'un philantrope couvert de sang, (2) prêchant, dans les places publiques, l'insurrection et le massacre. Mais quand M. de Langle traitera de saltimbanques ces hommes qui bravent le ridicule des philosophes, et même leurs supplices; quand il qualifiera de quolibets, d'impertinences , la Passion de

______

(1) Voyez chapitre *Climat de Madrid*.

(2) On se rappelle que du temps du philosophisme, les jours décadaires on établissoit des chaires portatives sur toutes les places publiques à Paris ; et que le premier inspiré endoctrinoit les auditeurs. Ces sermons philantropiques furent défendus vers la fin de l'an 1800.

Notre-Seigneur, ainsi qu'elle nous a été trans-
mise ; quand il déploiera toute son amabilité
pour ridiculiser un narré simple et tiré des
Evangélistes ; il nous prouvera qu'il a parcouru tous les coins et recoins des écoles de
l'impiété et de l'athéisme, et que s'il a trouvé
le talent de faire rire quelques sectaires aussi
dégoûtans que lui, il a acquis le moyen infaillible d'inspirer la pitié au lecteur sage,
mais qui a le courage d'arriver à la quarante-
troisième page de son ouvrage.

En lisant l'article qui commence : « Outre
» ces prédicateurs de place, Madrid a aussi
» une Semaine Sainte.», on aperçoit aisément
que c'est encore du ridicule qu'on va trouver
dans les phrases subséquentes. Cet « *aussi* »
est le sel attique de M. de Langle ; car en
parlant sérieusement, dire que « Madrid *a*
» *aussi* sa Semaine Sainte », seroit le comble
de l'extravagance, comme l'autre manière est
le comble de l'impiété. Quoi qu'il en soit, je
puis assurer qu'aux yeux du catholique, la
Semaine Sainte à Madrid est aussi édifiante
et aussi imposante qu'elle est morale et ma-
jestueuse, aux yeux du protestant observateur.
Ces processions nombreuses, ces réunions

de divers ordres religieux accompagnant la représentation de la Passion, dont les différentes scènes sont portées par les corporations qui composent la société des peuples; ce deuil général (les hommes et les femmes s'habillent en noir toute la Semaine Sainte); cette absence de tumulte dans une grande capitale (personne ne peut aller en voiture pendant les trois jours de Ténèbres, les boutiques sont fermées, les spectacles le sont aussi pendant la quinzaine de Pâques); cette affluence dans toutes les églises, cet ensemble de choses essentiellement chrétiennes et morales, en rappelant aux fidèles les souffrances du Fils de Dieu se sacrifiant pour leur rédemption, ne peuvent que ramener aux principes de vertu ceux que le délire des passions égare momentanément ; et la société ne peut que gagner à ce retour. Heureuses les nations, si toutes étoient animées de ce zèle religieux, et si des prédicateurs de doctrines désolantes ne venoient tarir la source des vertus !

Lorsque la Famille Royale se trouve à Madrid dans le temps de la Semaine Sainte, à pied, vêtue de noir, et entourée d'un nombreux cortège de grands et de gardes, elle suit les processions de la Passion, et par sa puissance augmente la majesté de la fête.

M. de Langle, pressé de quitter un sujet qui lui donne sans doute trop à réfléchir, achève sa Semaine Sainte par un article qui commence ainsi : « Egayons nos pinceaux. » Il part de là pour donner cours à des idées tellement impies et révoltantes, que par respect pour la religion, par décence pour nos lecteurs, nous ne les rapporterons pas. Le silence de l'indignation sera la seule réplique à une telle profanation. Le chrétien qui jetera les yeux sur les lignes que l'auteur a osé tracer, se repliera sur lui-même; et le saisissement religieux qu'il éprouvera, sera plus éloquent que tout ce qu'on pourroit dire à ce sujet.

CLERGÉ SÉCULIER ET RÉGULIER.

LE Clergé en général jouit d'une grande prépondérance en Espagne : quoiqu'elle soit considérablement diminuée, dit-on, il en possède assez cependant encore pour influencer l'opinion publique.

Par le recensement fait en 1787, le nombre des curés et vicaires se montoit à vingt-deux mille quatre cent soixante; et à quarante-sept mille sept cent dix, celui du restant du Clergé séculier. En supposant que la moitié de ces quarante-sept mille sept cent dix individus soit en possession des bénéfices à résidence, ou simples, ou chapellenies, etc., il résultera que le nombre des fonctionnaires publics est de quarante-cinq mille trois cent quinze, et celui des ecclésiastiques non fonctionnaires, de vingt-trois mille huit cent cinquante-cinq. Total, soixante-neuf mille cent soixante-dix individus composant le Clergé séculier en Espagne.

Le Clergé régulier se monte à près de cent mille individus.

Je ne mets pas en ligne de compte les maisons religieuses de femmes.

On assure que le Gouvernement veut défendre l'admission des novices, avant l'âge de vingt-cinq ans. Nous espérons, pour le respect de la religion, même pour l'intérêt de l'état et de la société , que cette prohibition aura son effet. Autant sont respectables ces religieux amenés à la séparation d'avec le monde par ce pressentiment intérieur appelé vocation, par un repentir sincère, et pour se punir eux-mêmes des erreurs passées ; autant sont dignes de compassion, ces victimes de l'avarice, de la cupidité des parens, cloîtrées dans l'âge où les passions maîtrisent si despotiquement l'homme, dépourvu encore de forces suffisantes pour soumettre ses sens à la religion. S'il y a quelques abus dans les sociétés religieuses, pères et mères, vous qui pour vous sauver d'un danger, vous délivrer d'une maladie, faites vœu d'offrir à la vie monastique l'enfant souvent encore à naître ; vous qui sous un prétexte ou un autre, ceignez dès le plus bas âge le corps de l'adolescent

de ce cordon de macération, transformé momentanément pour lui en jouet, c'est vous que
nous devons accuser, c'est vous qui êtes respon-
sables aux yeux d'un Dieu juste, des erreurs où
peuvent se livrer des malheureux gémissant sous
le poids d'une vocation forcée. Charlemagne
introduisit des règles pour les professions mo-
nastiques, et fixa l'âge de vingt-cinq ans, qui
étoit celui où les lois romaines donnoient la majorité. Un homme, suivant le code civil des divers peuples, ne compte que dès sa majorité : il
ne peut disposer d'un bien avant vingt-cinq ans ;
et on lui permettroit de disposer de son existence quelquefois avant quinze !

Le Gouvernement Espagnol, sage et éclairé,
remédiera sans doute à cet inconvénient.

Le Clergé, soit régulier, soit séculier, est en
Espagne propriétaire des biens fonciers les
plus considérables ; il partage avec les grands
la presque totalité des terres ; mais on remarque que leurs propriétés sont beaucoup mieux
cultivées, mieux soignées, que celles des
grands qui confient la gestion de leurs biens
à des gens d'affaires, qui reçoivent de forts
salaires qu'ils dépensent dans le chef-lieu de
l'arrondissement des biens de leurs maîtres,

sans

sans veiller en aucune manière à la culture, ni à l'amélioration des terres.

M. de Jovellanos considère la possession de grandes propriétés ecclésiastiques , comme aussi contraire à l'économie civile qu'aux lois de la législation Castillane. Il prétend que par une loi fondamentale établie premièrement dans le royaume de Léon , puis dans celui de Castille, et par suite de conquête, dans les dépendances de Tolède, Jaën, Murcie, Séville , les églises ni les monastères ne peuvent aspirer à des propriétés territoriales.

Pour remédier à cette infraction aux lois, M. de Jovellanos propose de défendre toute dotation au Clergé en biens fonciers; il voudroit faire vendre les biens qu'il possède , et métamorphoser leurs propriétés en cens, rentes ou effets sur les fonds publics.

Voyons si cette mesure seroit d'accord avec l'intérêt réel de l'Espagne.

Par cette mesure, le nombre des propriétaires augmenteroit sans aucun doute mais les propriétés seroient dénaturées, la culture y perdroit, et les revenus de l'état diminueroient. Le laboureur, nous dira-t-on, qui travaille pour le profit de son maître, qui passe des

I

journées pénibles pour gagner un médiocre salaire, s'embarrasse fort peu de l'amélioration du terrain qu'il cultive, de la bonté des récoltes qu'il arrose de ses sueurs ; pourvu qu'il soit régulièrement payé, peu lui importent l'inondation et la grêle. Devenant propriétaire, son intérêt change ; son industrie augmente, et se porte sur des détails que ne peut embrasser l'individu qui cultive en grand. Cette objection seroit sans réplique, si ces domaines étoient subdivisés entre des propriétaires aisés, qui eussent assez de fonds, et pour faire face aux achats, et pour couvrir les dépenses d'une culture soignée, dont le produit leur vaudroit bientôt le remboursement de leur mise dehors. Mais qu'arriveroit-il si on mettoit en vente les possessions ecclésiastiques en Espagne ? Les capitalistes, les commerçans placeroient-ils leurs fonds dans des acquisitions foncières ? — Certainement non ; car le produit d'une terre ne peut être comparé au produit de l'agiotage, ou des spéculations commerciales. Quels seroient donc les acquéreurs de ces domaines ? les laboureurs, les journaliers, gens vivant du jour au jour. Pour leur faciliter ces achats, il faudroit se décider à une basse estimation, ou établir

les paiemens en sommes à termes ou en rentes, qu'ils payeroient mal, plusieurs peut-être
point du tout ; car il faut être riche pour posséder des biens-fonds. Un propriétaire verse
sur ses domaines l'argent qu'il a en réserve ;
cet argent fait fructifier la terre, qui lui pro-
cure d'abord l'aisance, puis la richesse ; mais
il faut un premier terme à cette progression.
L'acquéreur dont je parle ne possédant pas ce
premier terme, manqueroit à ses engagemens ;
on le déposséderoit, le bien iroit à une régie
royale ; le fisc n'y gagneroit certainement pas, et
l'agriculture y perdroit considérablement.

Arthur Young, cet auteur judicieux, observe que diviser les grandes propriétés n'est
que substituer une foule de propriétaires mal-
aisés, que créer des nuées d'ouvriers qui ne
gagnent pas, en travaillant pour leur compte,
ce qu'ils gagnoient en travaillant pour le
compte d'autrui. Il remarque que les salaires
répartis par les grandes propriétés sont mille
fois plus utiles au bien général, que la propriété personnelle subdivisée en une multitude
d'individus. Il observe que les comtés d'Angleterre les plus opulens sont ceux où l'on trouve
le moins de petits propriétaires.

I 2

Malgré son peu d'amour pour les religieux, l'auteur du *Tableau de l'Espagne moderne*, après avoir dit : (1) « Il n'est pas une seule » invention de la vanité humaine, que l'humi- » lité monacale n'ait voulu sanctifier en se l'ap- » propriant; » et il parle du titre d'Excellence qu'on donne en Espagne aux Généraux d'Or- dre, moins sans doute pour flatter leur amour-propre, que pour entourer la religion de cet éclat nécessaire pour commander le respect des peu-ples. L'auteur est obligé cependant de recon-noître combien sont utiles ces mêmes religieux, qu'il veut ridiculiser. En comparant la cul-ture de leurs possessions avec celle des riches propriétaires laïcs, il donne l'avantage aux moines. « L'aisance, dit-il, règne autour d'eux. » (2) Partout les possessions des moines sont » bien placées, bien cultivées, et vivifient les » campagnes adjacentes. » En parlant de la chartreuse de Porta-Celi de Valence, il s'ex-prime ainsi : (3) « Tout y rappelle l'abon- » dance, tout y entretient la paix de l'ame.

---

(1) *Tableau de l'Espagne moderne*, v. 1, p. 152.
(2) *Idem*, v. 3, p. 192.
(3) *Idem*, v. 3, p. 242.

» Quelque aversion qu'on ait vouée à la vie
» monacale , on ne peut se défendre d'un
» certain intérêt pour ces silencieux solitaires,
» qui du moins ne négligent pas les bienfaits
» que la nature a versés autour de leur de-
» meure, et qui tranquillement laborieux ,
» austères sans être farouches, semblent après
» tout, ne faire du mal qu'à eux-mêmes. »
— Ne font du mal qu'à eux-mêmes ! — Et
dans un lieu, dans un état où tout entretient
la paix de l'ame!—La paix de l'ame fait donc
mal aux philosophes!!

Quelques pages plus bas, oubliant ce qu'il
vient de dire en faveur des monastères ,
M. Bourgoing se permet une forte contradiction, et assure (1) « que ces fondations reli-
» gieuses, en dépeuplant, en appauvrissant le
» pays qui les environne, augmentent encore
» la misère et la fainéantise, par la charité
» aveugle avec laquelle elles les soudoient. »
—Ce qui vivifie, ce qui porte l'aisance, jusqu'à présent n'avoit pas été considéré comme
un moyen de dépeupler, d'appauvrir. Les philosophes souillent tout ce qu'ils touchent. Des

____

(1) *Tableau de l'Espagne moderne*, v. 1 , p. 355.

3

institutions qui dans toutes contrées seroient regardées comme admirables dans un pays catholique, sont par ces détracteurs, regardées comme peu avantageuses à l'humanité.

« (1) Si vous apportiez à l'Escurial des pré-
» jugés contre les Espagnols en général, et, ce
» qui seroit plus excusable, contre les moines
» en particulier, vous y renonceriez après avoir
» vu les Hiéronymites de ce monastère ; vous
» seriez convaincus que même sous le froc,
» l'Espagnol cache souvent beaucoup de pré-
» venance et de bonté. » — Ce préjugé contre
les moines seroit à sa place dans l'ouvrage résultat des opinions de M. de Langlé ; mais je suis
étonné que M. Bourgoing, en rendant quelque
justice aux religieux Espagnols, en disant « que
» même sous le froc, on trouve beaucoup de
» bonté et de prévenance, » se laisse encore
maîtriser par une aigreur qui devroit céder à
la conviction. Ceci n'est ni impartial ni rai-
sonné.

Au surplus, les personnes qui ont été témoins des services des moines, soit dans les
hôpitaux militaires, soit dans les combats,

---

(1) *Tableau de l'Espagne moderne*, v. 1, p. 238.

bravant le feu pour porter la dernière consolation au soldat mourant ; ceux qui les voient,
quand le beffroi sonne, aller processionnelle-
ment au lieu de l'incendie, portant chacun
une hache, ou autre outil nécessaire, non
pour le donner à des manœuvres, mais pour
travailler eux-mêmes ; ceux qui les ont vus à
Malaga, à Alicante, à Carthagène, se dévouer
au service des pestiférés, parcourant les rues
précédés d'une sonnette pour avertir les malheureux abandonnés par leur père, leur mère,
frère ou parent, que des ames charitables voloient à leur secours, ceux-là n'accuseront pas
les corps religieux d'être inutiles.

Si l'on veut avoir une autre preuve de l'utilité majeure des corps religieux, qu'on se
transporte au-delà des mers, et qu'on jette un
coup d'œil sur cette milice sainte, sur ces religieux missionnaires qui, répandus parmi les
sauvages des Amériques, en conquérant des
ames à Dieu, attachent bien davantage ces
néophytes à un souverain qu'ils ne connoissent pas, que les soixante mille hommes en-
tretenus à grands frais à des milliers de lieues
de la métropole.

4

ÉVÊQUES.

Monsieur de Langle, en disant : « Les
» évêques sont en général d'une piété et d'une
» vertu exemplaires ; aucun luxe, aucun faste,
» aucune influence politique : la prière, le
» jeûne, l'aumône, une solitude presque
» claustrale, etc., » oublie sans doute que dans
son chapitre *sur l'Inquisition*, il nous parle de
Cornélia Borhorquia, fille du marquis de ce
nom, gouverneur de Valence, dont un archevêque de Séville, assure-t-il, « devint éper-
» dument amoureux, la fit enlever et voulut
» assouvir ses desirs. Cornélia, furieuse, tenta
» de le poignarder, et de rage ce monstre la
» livra à l'Inquisition. Elle fut condamnée et
» brûlée comme athée. » — Un fait particulier ne détruit pas, nous dira-t-on, une assertion générale. — C'est juste : mais lorsqu'on
considère qu'en Espagne on n'arrive à l'épiscopat qu'à force de vertus et d'années, on se
persuadera difficilement qu'un archevêque
de Séville, au bout d'une longue carrière,

promu à un des premiers siéges du royaume
d'Espagne, ait pu se porter à un tel excès, phé-
nomène de nature à un âge avancé. Je ne parlerai pas des oppositions morales que ce desir
auroit éprouvées dans un prélat vieilli dans les
conquêtes sur ses passions. La malignité des antagonistes de l'Espagne a toujours échoué devant les vertus du haut Clergé de ce pays; il
étoit réservé à un homme pétri d'immoralité, de
mettre en avant une pareille calomnie, qu'il
auroit dû appuyer, pour lui donner un vernis
de vraisemblance, au moins du nom de cet
archevêque de Séville, et de la date de ce fait
infame. Mais M. de Langle est conséquent au
plan qu'il s'est formé; il s'en écarte cependant
quand il dit : « Jamais ni la naissance ni la
» faveur n'ouvrent en Espagne le chemin de
» l'épiscopat, et souvent le cordelier, le capu-
» cin est obligé de quitter son cloître pour aller
» occuper le siége de Séville, de Tolède, etc. »
Ceci est exact; aussi, plus que dans aucun
pays de la chrétienté, les prélats d'Espagne
offrent-ils l'exemple de la régularité la plus
rigide. Chez eux, point d'assemblées, point
de repas, point de fêtes, point de femmes
admises en société. Séquestrés du monde, ils

ne s'occupent que de la puissance spirituelle. Ils sont tous riches des grandes possessions affectées à leurs siéges; mais leur bien est celui des pauvres. Au lieu de voitures dorées, de laquais couverts de galons, on ne trouve à la porte de leurs palais, que des malheureux attendant l'heure de la distribution des aumônes. Des femmes indigentes, quoique d'un état plus relevé; des infortunés tombés dans la misère par des événemens imprévus, remplissent leurs antichambres, et n'en sortent jamais sans être soulagés; « (1) car partout en » Espagne les prélats sont à la tête des bien- » faiteurs de leur canton, tous emploient une » grande partie de leurs revenus en aumônes. »

Dans ces temps de désolation où la colère céleste s'appesantissoit sur un royaume autrefois très-chrétien, les prêtres fidèles, fuyant un martyre inutile, trouvèrent un appui, des secours, dans la charité de ces vertueux prélats. Quel cœur assez insensible eût pu visiter sans attendrissement le palais de l'évêque d'Orensè; ce palais, transformé en caserne religieuse, occupé par trois cents ecclésiastiques; l'évêque

____

(1) *Tableau de l'Espagne moderne*, v. 3, p. 31.

se réduisant à l'appartement le plus circons-
crit, faisant table commune avec ces proscrits
pour la foi, leur fournissant tout le nécessaire
à l'existence, payant des pensions pour ceux
que son palais ne pouvoit contenir; et le tout
sans diminuer ses charités accoutumées envers
les pauvres de son diocèse !

Et vous, respectable archevêque de Tolède,
cardinal Lorenzana, vous jouissez maintenant de la récompense promise aux justes.—
Ce pieux prélat a, tout le temps de la persécution, non - seulement employé un revenu
très-considérable, mais fait des dettes, pour
pensionner les ecclésiastiques français qui
étoient dans ses diocèses; car l'archevêque
de Tolède est en même temps évêque de
Madrid.

C'est ce même archevêque-cardinal qui
sur ses revenus a relevé l'Alcazar de Tolède,
ancienne habitation des rois Goths, et dans
ce palais a formé des établissemens où l'indigent trouve des secours depuis l'enfance
jusqu'à la mort. Deux cents enfans y sont
élevés avec soin; sept cents pauvres y sont
occupés à des métiers en soieries; les vieil-
lards y trouvent un hospice. Philosophes, im-

bécilles déclamateurs, que vos pareils et vous
en fassiez autant !!

Il faudroit nommer tous les prélats d'Espagne, si l'on vouloit citer tous les individus
distingués par leurs bienfaits dans les temps
de malheurs et de calamités.

Ne dois-je pas citer l'évêque de Cordoue,
qui, depuis la disette de 1804, cause principale des maladies qui ont ravagé le midi de
l'Espagne, donne à ses diocésains indigens
douze mille rations de pain par jour? — Voilà
ses carosses, voilà ses livrées !

Que signifie cet écart d'imagination de
M. de Langle? quel rapport a la poudre à canon avec les évêques d'Espagne? « Honneur au
» canon, à la poudre, à son inventeur !
» Graces au canon, nous tombons sur le
» champ de bataille, nous expirons sans dou-
» leur, sans agonie, et sans savoir que nous
» mourons. » — L'auteur est tombé depuis
long-temps ; mais, quoique mousquetaire, ce
n'est pas sur le champ de bataille, tout le
monde le sait. Si, en parlant des moines,
il eût inséré dans le chapitre à leur sujet,
cette exclamation spontanée, il auroit pu
en sortir une preuve que les ordres mo-

nastiques ne possèdent pas inutilement des fortunes considérables ; et que pour la plupart, ils consacrent leur solitude à l'accroissement des arts et des sciences. Mais ce sont ces preuves d'utilité que M. de Langle évite soigneusement de nous mettre sous les yeux. Il a déclaré la guerre aux principes ; il ne veut pas enfreindre les lois du combat.

CIMETIÈRES.

JE suis surpris que la position des cimetières, la manière d'enterrer les morts aient échappé à la critique de M. de Langle. Il préfère nous faire un roman d'un cimetière. On ne sauroit disputer des goûts; mais il me semble que son imagination féconde eût pu choisir un autre sujet. Quoi qu'il en soit, « il » a vu un cimetière aux environs de Madrid, » et il l'a retenu, il le sait par cœur; son » sol est couvert de violettes, de jasmins, » de roses et autres fleurs qui naissent sans » culture : ni cyprès, ni sycomores, ni au- » cun de ces arbres à douleur, à verdure » bâtarde, qui semblent appeler le trépas et » fixer la mélancolie sous leurs ombrages. » Des alisiers, des pommiers, mille pinsons, » mille moineaux font leurs nids, font l'a- » mour sur leurs branches.

» Ces oiseaux, ce ruisseau, l'éclat des fleurs, » l'odeur des roses, tout rappelle ces jardins,

» ces berceaux délicieux, ces prairies fortu-
» nées, où, selon les anciens, les ames ver-
» tueuses folàtrent, s'amusent et dansent pen-
» dant toute l'éternité. »

Voilà le cimetière que M. de Langle sait par cœur : il doit d'autant mieux le savoir, qu'il est créé par son imagination; c'est un de ses enfans. Dans le fait, il est assez gai, il est très-heureux, quand on visite un cimetière, de pouvoir s'imaginer qu'on est au milieu de contre-danses de ses aïeux. C'est là le cimetière des Hébert et des Chaumette, qui croyoient pouvoir un jour respirer l'ame de leurs pères dans une rose ou dans une gi-roflée. Cette idée a, de plus, l'avantage de chasser les réflexions indispensablement ame-nées par le séjour que l'on visite, réflexions qui font naître un retour sur soi-même. Mais que de gens craignent ce retour !

Naguères encore on enterroit dans les églises et dans les cloîtres. Le cimetière des gens qui ne payoient pas ces honneurs fu-nèbres, entouroit généralement la paroisse ; mais une cédule royale vient de défendre ces enterremens. Le cimetière doit être hors des villes, dans un endroit aéré. Par cette sage précaution, d'après l'opinion publique, on assainira les villes en détruisant ce germe putride que l'on respiroit dans les églises, provenant des exhalaisons cadavereuses qui sortoient des tombes mal recouvertes. Quoiqu'on en puisse dire, il est fort douteux que les froides dépouilles des hommes aient jamais dans les tombeaux infecté l'air. Il est plus vrai de dire que depuis l'époque où les novateurs français ont expulsé les morts de nos cités, les vivans en sont devenus plus pervers.

Huiles

HUILES.

La tache d'huile philosophique a tellement
imprégné le moral de M. de Langle, que
semblable à la peste qui se communique par
le contact le plus léger, la contagion s'étend
sur tout ce qu'il touche. Le grand intérêt de
son chapitre sur *l'huile d'Espagne*, porte sur
une lampe qu'on renverse sur un lièvre qu'il a
commandé pour son soupé, dans une hôtellerie, à Tolède. Il nous assure « que pour
» obtenir du lait ou du beurre, il faut crier,
» ou battre l'hôte, ou dire des douceurs à
» l'hôtesse ; mais si elle est laide, si elle est
» vieille, si elle ressemble à celle de l'auberge
» où je couchai hier ? » — Voilà le résultat
des observations d'un savant du dix-huitième
siècle, sur la qualité des huiles d'Espagne.
Mettant de côté les réflexions qu'amènent
de pareilles sottises, je demanderai à M. de
Langle s'il emploieroit le moyen qu'il donne
comme infaillible, de battre l'hôte pour obtenir du lait ou de l'huile ? Quoiqu'il ait été

K.

mousquetaire, je doute qu'il se permit pareil procédé vis-à-vis du dernier cabaretier espagnol.

Trouvant l'huile d'Espagne mauvaise, M. de Langle auroit dû en chercher la cause, indiquer des moyens de l'améliorer. Il y eût eu alors quelque chose d'intéressant dans son ouvrage. Pour peu qu'il eût questionné, il auroit su que ce qui rend les huiles d'Espagne généralement mauvaises, est la fatale méthode de laisser pourrir les olives avant de les détriter, et de les garder trois mois après la cueillette, avant de songer à en tirer l'huile ; procédé bien différent de celui usité en Provence, où on ne laisse fermenter l'olive que huit jours avant de la porter au moulin.

Ce qui prouve que la négligence est la seule raison du mauvais goût et de la mauvaise odeur des huiles d'Espagne en général, c'est qu'à Valence, à Alicante, à Elche, où l'on soigne davantage cette production, les huiles qui en sortent peuvent être comparées aux huiles de Provence de première qualité. Au surplus, il n'est pas hors de propos d'apprendre à beaucoup de Français, que ces huiles d'Aix qu'ils apprécient à juste titre, viennent en grande partie d'Italie et d'Espagne. Ces deux pays exportent annuellement en France, pour une somme de vingt-quatre millions en huiles. On les travaille, on les apprête en Provence, et les gourmets parisiens, en se délectant sur les productions de leur pays, en assurant sur leur honneur qu'il n'y a que la France pour les bonnes choses, ne se doutent pas que cette huile qu'ils proclament la première du monde, est de l'huile d'Espagne ou d'Italie, dont ils ont fait le procès, et qu'ils ont jugée irrévocablement détestable.

HISTORIENS.

L'ÉCRIVAIN judicieux et impartial, dont je parle peut-être trop souvent, car son amour-propre s'accommode de tout, en accordant aux Espagnols un très-grand nombre d'excellens historiens, nous dit: « Ce peuple a mis, » pour ainsi dire, une sorte d'orgueil à négli- » ger presque tous les genres de littérature. » — Nous laissons aux Mendoza, Herrera, Saavedra, Quevado, Garcilaso, Villegas, Sepulveda, Solis, Mariana, etc., à défendre leur siècle, que leurs ouvrages mettent au plus haut degré de splendeur. De notre temps, sous nos yeux, ont existé ou existent encore les Feijoo, Sarmiento, le père Isla, don Francisco Perez, Boyer, Cadahalso, Lahuerta, don Thomas Yryarte, dont les fables néanmoins ne sont pas les productions les plus estimées ni les plus estimables sous le rapport littéraire; don Juan d'Escoiquiz, présentement chanoine de Tolède. Par le juste discernement du prince de la Paix, ce

chanoine fut choisi pour enseigner les mathématiques au prince actuel des Asturies.
Aux sciences exactes et profondes il réunit
l'agrément de la poésie. Entr'autres ouvrages,
il a donné une traduction des Nuits d'Young,
en vers espagnols, ouvrage qui lui assure une
place honorable au Parnasse espagnol.

Le cardinal Lorenzana doit aussi tenir un
rang distingué parmi les littérateurs de son
pays. On doit à ses recherches, pendant qu'il
étoit évêque de Mexico, un nouveau recueil
des lettres de Fernando Cortès ; il les a enri-
chies de ses observations. Il y a de lui plusieurs
ouvrages d'érudition, et une nouvelle édition
du Missel Muzarabe, rite des Chrétiens dans
les pays occupés par les Maures.

En rendant justice aux talens de M. de
Campomanès , M. de Langle s'écrie avec
enthousiasme : « Heureux l'homme de lettres
» qui, mourant pour ainsi dire le livre, la
» plume à la main, a le droit de penser en
» expirant : je ne dois qu'à d'utiles travaux la
» fin prématurée de mes jours. » Heureux, il
est vrai, l'homme vertueux qui, arrivant au
terme de sa carrière, peut regarder derrière
lui sans crainte, peut récapituler ses nombreux

travaux consacrés à l'utilité de la société! Il s'endort du sommeil éternel, avec la douce satisfaction d'avoir rempli la tâche qui lui étoit imposée ; et cette quiétude ne contribue pas peu à lui faire envisager d'un œil serein et calme cet instant si redouté des méchans, de ceux qui, ainsi que M. de Langle, comptent les momens de leur vie par les marques de leur immoralité.

M. de Langle se plaint que les savans Espagnols tardent bien à nous faire part de ce qu'ils ont tiré des nombreux manuscrits qu'ils ont dans leurs bibliothèques. Depuis vingt ans, assure-t-il, rien ne transpire. M. de Langle, n'avoit pas, sans doute, connoissance des extraits in-folio donnés par l'espagnol Cassiri. Un des moines de l'Escurial continue son ouvrage.

Il en est de la littérature comme des autres circonstances qui donnent aux états une prééminence marquée ; chacune a son époque, chacune élève ses écrivains au-dessus des écrivains de toutes les autres nations ;

« Et puis, en fait d'orgueil, tous les peuples sont rois. »

Qu'étoit la France lorsque sous Charles-Quint , l'Espagne avoit la prépondérance littéraire et politique? Corneille, le fondateur du Théâtre français, emprunta ses sujets des auteurs espagnols. Sous le cardinal de Richelieu, le bon goût prit naissance en France ; il fut dans toute sa splendeur sous le règne de Louis XIV ; mais il déchut à la mort des Corneille, Boileau, Molière, La Fontaine, Racine, Voltaire. Depuis ces maîtres de la langue et du génie français, qu'a produit cette nation dont elle puisse s'enorgueillir ? Quelques ouvrages foibles, beaucoup de galimatias métaphysique, et en tout, *verba et voces et præterea nihil.* Quant à l'esprit de la fin du dix-huitième siècle, il est jugé d'avance par le fameux lord Chesterfield, dès l'année 1750. « C'est la nouvelle cuisine du Parnasse, où » l'alambic travaille au lieu du pot et de » la broche, et où les quintessences et les ex- » traits dominent. » Pour notre propre intérêt, par amour-propre national, réformons donc les reproches d'ignorance que nous prodiguons en général aux Espagnols.

DES RENDEZ-VOUS.

PUISQUE je me suis fait la loi de suivre M. de Langle dans tous les écarts de son imagination, quelque pénible que soit cette entreprise, je consacrerai comme lui un chapitre aux *Rendez-vous* ; je ne retracerai cependant pas les lignes impures par lesquelles il veut prouver qu'on se livre dans les églises à la brutalité la plus dégoûtante. Il affirme que les rendez-vous se donnent dans les temples : mais les résultats dont il nous fait la description sont trop choquants pour les principes et les mœurs ; ils conviendroient au culte rendu sous Robespierre à la déesse de la Raison, qui n'étoit autre chose qu'une prostituée.

Toute personne qui aura voyagé en Espagne, aura été édifiée de la manière dont le peuple se tient dans les églises. On y remarque décence et respect ; si la ferveur n'est pas dans tous les cœurs, la persuasion est manifestée par le maintien; et si des passions plus humaines se montrent dans les yeux de quelques jeunes personnes des deux sexes, l'observateur seul s'en aperçoit; mais l'édification publique n'en souffre point.

FAUTES PERSONNELLES.

MONSIEUR de Langle emploie quatre pages à nous prouver que les fautes doivent être personnelles. Pour appuyer son opinion, il en appelle aux Romains, aux Sarmates, aux Vandales. Il nous assure que le Lord-Maire en Angleterre, ou le Vice-Roi d'Irlande, auroient, sans répugnance, épousé la fille ou la nièce de Ravaillac. C'est ainsi que certains misérables se jouent des préjugés les plus utiles à la société ; c'est ainsi qu'avec de pareils discours, on renverse les lois sacrées de la morale, et que l'on parviendroit à regarder l'inceste même comme un acte naturel. Au reste, des écrivains qui se déshonorent par un tel langage, et qui ne rougiroient pas d'épouser la fille de Cartouche, se réfutent assez par eux-mêmes. On voit ce que les gouvernemens doivent attendre de pareils hommes. Sans chercher à découvrir à quel point eût été flatté l'amour-propre du Lord-Maire, ou du Vice-Roi, en s'alliant avec la famille d'un régicide ;

sans remonter à ces Vandales, que M. de Langle appelle peuple-vierge, je lui ferai observer que les Anglais, quoique d'une opinion, il est vrai, différente de celle que les Espagnols et les Français ont sur les fautes personnelles, connoissent parfaitement les lois des convenánces; et nous doutons fort que le fils du duc de Bedford, ou même un simple Esquire (gentilhomme) épousât la fille ou la nièce d'un homme qui auroit terminé ses jours à Tyburn, pour crime prévu par la loi.

Dans un pays comme l'Angleterre, qui n'est pas entièrement monarchique, où l'honneur par conséquent n'est pas la base principale de toutes les actions, de toutes les combinaisons d'ambition, on doit nécessairement trouver une modification à ce principe des monarchies pures : que la honte est héréditaire. — Mais pourquoi est-elle héréditaire, cette honte, suite d'une action diffamante? Parce que les honneurs, les grandes récompenses, celles qui constituent la considération, l'existence politique, le sont aussi. Dans le siècle de l'égoïsme, où l'on rapporte tout à soi; où étouffant tout sentiment, même les premiers de la nature, on ne voit que soi, on ne calcule que pour soi , alors nous convenons que les fautes, ainsi que les récompenses, doivent être personnelles. Mais lorsque les principes ne sont point abandonnés, lorsque les sentimens ne sont point flétris, alors, l'homme foible , l'homme entraîné par une passion quelconque, trouve un appui, un soutien dans ce préjugé que l'on nomme honneur, vierge pure dont la moindre atteinte ternit la fraîcheur.—Au bord du précipice, au moment de s'engloutir, incapable par lui-même de résister à ce charme d'illusion qui l'enivre, l'homme égaré par la passion, va tout oublier, il va tout sacrifier, quand à ses yeux se présentent inopinément ses enfans, images vivantes de l'innocence : d'une main déroulant la longue suite d'aïeux qui arrivent jusqu'à lui de vertu en vertu, de l'autre lui montrant les feuilles que doit remplir sa postérité, ils lui demandent en quels termes la première page doit être conçue.—— De lui dépend la réputation, l'existence politique, non-seulement de ces êtres à qui il donna le jour, mais de ceux même à naître dans des siècles. Leur déshonneur sera d'autant plus marqué, que les vertus antécédentes auront eu d'éclat. Par un seul pas, par une seule action, terminera-t-il une gloire successive ? Condamnera-t-il à l'opprobre les descendans de ces héros qui sacrifièrent tout à l'honneur ? — Non. — Il retrouvera dans ce même honneur la force nécessaire pour combattre ses passions, et il s'applaudira d'une victoire qu'il devra à ses préjugés. — Voilà les avantages que la société retire des fautes et des honneurs transmissibles. La gloire et les vertus seroient-elles héréditaires dans ces maisons connues du monde entier, si chacun des individus qui ont contribué à en assurer la succession, avoit envisagé la mort comme le terme de la reconnoissance publique ?

Je conclurai en disant : que dans tout pays où l'honneur est l'essence du gouvernement, où ce préjugé est le ressort et le frein des actions des sujets, l'intérêt public exige que les fautes ne soient pas personnelles. Le philosophe qui combine froidement les passions des hommes, qui va d'erreur en erreur, en substituant ce qui devroit être à ce qui est, s'élevera contre ce principe ; il argumentera avec des raisons, dont quelques-unes paroîtroient peut-être fondées, si on ôtoit de la balance cette passion, source de tant maux ; source de tant biens : l'amour-propre, idole des humains.

Hôpital-général de Madrid.

Monsieur de Langle parle de l'hôpital de Madrid ; écoutons de nouveaux mensonges : « Cet hôpital est quatre fois trop » petit pour contenir tous les malades. Il n'y » a qu'une salle ; les convalescens, les morts, » les mourans couchent ensemble.

» Les lits n'ont point de rideaux, les ma- » telas sont de paille hachée, le bouillon est » fait avec de la viande pourrie. »

« J'ai vu dans le même lit, assis entre » deux morts, un malade qui se portoit assez » bien pour me parler, pour manger et pour » s'asseoir sur son séant. »

« Au moment où j'entrai, on clouoit une » bierre dans un coin ; dans un autre, on » cousoit un linceul, et l'on venoit de jeter » trois morts par la fenêtre. »

Cet hôpital-général de Madrid, que M. de Langle trouve si petit, est d'une beauté peut-être trop recherchée pour un hôpital

Il n'est pas encore entièrement fini ; cependant, dans le courant de 1801 , il reçut quatorze mille cent cinquante-quatre malades. Quand il sera achevé il contiendra trente mille malades, c'est-à-dire qu'il y aura trente mille lits. Les soldats ont des salles séparées , et affectées à eux seuls. Les Gardes-du-Corps ont aussi des salles particulières; les officiers de l'armée ont des chambres, et ils en profitent. Ils ne seroient pas mieux soignés dans le sein de leur famille. On doit à M. le prince de la Paix, l'agrandissement de cet hôpital. On trouve ce Prince partout où il est question de bienfaisance et de vues utiles à son souverain et à son pays.

Un des principaux fonds de cet hôpital est le produit des courses de taureaux. Ainsi d'un plaisir public on retire un soulagement pour l'humanité souffrante.

Mais puisque M. de Langle a visité les hôpitaux, il devroit savoir que chaque malade a son lit, sans rideaux il est vrai ; mais en Espagne les rideaux sont peu en usage, quelque fortune que l'on ait. En été, les personnes aisées s'entourent de mosquitaires (espèce de rideaux en gaze), afin d'éviter

les

les attaques des mosquites , insectes très-fa-
tigans par leurs piqûres et le bourdonnement
de leur vol. Quant aux bouillons, j'ai souvent fait la visite des hôpitaux, soit à Madrid,
soit dans d'autres places, et je puis certifier
que la viande qu'on y emploie est très-fraîche
et très-bien choisie. Il seroit à desirer que
le cœur de M. de Langle fût aussi sain que
la viande qui fait la nourriture des malades
dans les hôpitaux d'Espagne.

La dépense des hôpitaux est énorme ; mais
la vie d'un sujet est-elle trop payée par un
gouvernement aussi paternel que celui d'Espagne ? — Les soins pour les malades vont
jusqu'à la recherche. En été, la première
glace est destinée aux hôpitaux ; si elle devient
rare , le public n'en peut avoir que lorsque les
hôpitaux en sont pourvus. Chaque convales-
cent reçoit pour son goûter , un verre de vin
de Malaga de première qualité , avec des biscuits. Le chocolat y est donné à profusion.
Les malades de la Charité , de l'Hôtel-Dieu,
à Paris ; ceux de Saint-Bartholomeus , Guy's
hospital , Midlesex, Saint-Thomas's hospital ,
à Londres, sont-ils traités au Malaga et au
chocolat ? Dans les hôpitaux que l'on établit

L.

pour les armées en campagne règnent un luxe, une profusion qui pourroit être considérée comme abusive.

Quant à la propreté, laissons parler M. Bourgoing (1) : « L'hôpital del Rey, à
» Burgos, est remarquable par l'extrême pro-
» preté et la salubrité qui y règnent. Les
» Espagnols pourroient donner des leçons
» aux nations les plus policées, sur ces mo-
» numens de charité. Une cruelle prévoyance
» ne leur a pas fait craindre que les malheu-
» reux s'y trouvassent assez bien pour voir
» sans répugnance ces asiles s'ouvrir à leur
» misère. » En parlant de la maison des fous de Saragosse et de Tolède, les deux princi-paux établissemens de ce genre, l'auteur que nous venons de citer dit (2) : « J'ai été éton-
» né, édifié de la propreté et de l'ordre qui
» y règnent ; lorsqu'on parcourt les fonda-
» tions pieuses des Espagnols, on oublie
» cette apathique indolence et cette mal-
» propreté qu'on s'obstine à leur reprocher. »

M. de Langle lui-même rend justice aux établissemens d'émulation et de bienfaisance

---

(1) *Tableau de l'Espagne moderne*, v. 1, p. 41.
(2) *Idem*, vol. 3, pag. 17.

de Séville, à l'hôpital de la Miséricorde de Tolède ; il y trouve propreté, commodité et salubrité. « Le patriotisme national le plus » généreux, dit-il, le régime le plus vigilant, » président à son administration. » J'aime entendre l'auteur rendre justice à une nation qu'il cherche trop souvent à ridiculiser.

La plaisanterie des trois morts que M. de Langle a vu jeter par la fenêtre, est aussi ridicule que les trois quarts de ce qu'il a dit précédemment. Il suffit de savoir qu'en Espagne on a le plus grand respect pour les morts. — Il est d'usage de les enterrer à visage découvert, habillés en Franciscains. Les Grands d'Espagne sont exposés sur un lit de parade, jusqu'à putréfaction ; elle se manifeste promptement, et par la chaleur du climat, et par l'usage qu'on a d'entourer le cadavre d'une quantité de cierges. Porté à l'église, la cérémonie funèbre achevée, au moment de descendre le corps dans le caveau de ses pères, ou dans la chapelle souterraine où il est déposé jusqu'à ce qu'on le transporte dans le Panthéon de sa famille (celui de la maison des ducs de l'Infantado, à Guadalaxara, peut rivaliser en beauté avec celui des Rois, à l'Escurial), un Grand nommé par le Roi vient reconnoître le cadavre au travers d'une glace adaptée sur le couvercle du cercueil, dans la partie au-dessus de la tête ; il ferme le cercueil, en remet la clef au chef de la famille du défunt, et rend compte au Roi de l'objet de sa mission. Les Grands ne sont point habillés en Franciscains ; on les revêt de l'uniforme de leur grade, et ils emportent au tombeau les distinctions honorifiques dont il a plu au Roi de les décorer. Au tribunal suprême ils se confondront avec la foule ; et c'est là, c'est là seulement, c'est devant ce juge impartial que les vertus et les actions font la seule distinction.

C'est à tort que M. de Langle assure que pour exercer la médecine en Espagne, il ne faut subir aucun examen. Il y a en Espagne plusieurs académies où l'on examine le docteur qui veut exercer. L'examen, il est vrai, n'est pas rigide ; et nous sommes forcés de convenir que cet art si utile à la conservation des hommes, est en Espagne encore dans l'enfance. Il est cependant, à Madrid surtout, quelques médecins qui feroient hon-

neur aux écoles d'Edimburgh et de Mont-
pellier. La chirurgie est trop négligée : le
barbier de village manie alternativement le
rasoir et la lancette. On rase fort bien en Espagne; dans quelques parties de ce royaume
les femmes se sont attribué cette prérogative, et elles s'en acquittent à merveille. Les
opérations chirurgicales sont fort rares : c'est
autant de souffrances d'épargnées.

Grands Chemins.

Tout le monde dit qu'on arrête, qu'on vole fréquemment sur les grandes routes en Espagne. Je le crois, puisque tout le monde l'assure; mais ce qui est certain, c'est que je n'ai jamais été arrêté, quoiqu'ayant traversé ce pays dans tous les sens, et souvent faisant à cheval des journées entières, seul, et passant dans des endroits réputés dangereux. Il y a peut-être du bonheur : il faut que cela soit ainsi ; mais particulièrement je n'ai pas à me plaindre des voleurs espagnols, qui, dit-on, moins honnêtes que ceux d'Angleterre , ne se contentent pas de la bourse qu'offre le voyageur. Ce qui me ferait croire qu'il n'y a pas une sûreté bien établie sur les grands chemins d'Espagne, c'est que j'ai remarqué que tous les voyageurs sont armés de carabines et de pistolets.

Pour ce qui a rapport à la construction des chemins, je renverrai mes lecteurs au chapitre second. On y verra que l'Espagne est maintenant percée dans tous les sens. Les

voyages que fait la cour depuis quelques années dans différentes provinces, ont perfectionné l'état des routes. Plusieurs originaux,
accoutumés à blâmer toutes les institutions,
dont l'esprit frondeur est de contrarier toutes
les opérations des gouvernemens sous lesquels
ils vivent (car il est de ces originaux dans
tous pays), se permettent de trouver mauvais que S. M. C. visite chaque année une
ou deux de ses provinces. Ils allèguent pour
raison les dépenses énormes qu'entraînent ces
voyages, et les vexations nécessitées qui pèsent
sur le peuple pour tout ce qui tient au transport de la suite nombreuse de la cour. Pour
les dépenses, je répondrai avec Rousseau,
que dans un pays monarchique, sur-tout dans
un pays riche en numéraire, le luxe, les
grandes dépenses des princes sont toujours
au profit des peuples. En voyageant, le Roi
établit une grande circulation, et porte du
numéraire où il n'existe que des denrées. Ces
avantages compensent bien les contraintes
partielles qu'éprouvent les gens des campagnes. On les force de travailler aux chemins, mais ils retirent deux profits de ce
travail; le premier, c'est qu'ils reçoivent une

rétribution (la réparation des chemins de Catalogne lors du voyage de la cour en 1802, coûta 18,000,000 de réaux, 4,500,000 livres); le second, c'est qu'ils acquièrent des communications précieuses pour le débouché de leurs denrées. Les réquisitions que l'on fait des attelages nécessaires aux transports des effets appartenant à la cour, ne se font point sur le mode des réquisitions françaises. Les animaux sont nourris, et le propriétaire payé exactement de ses journées. Le loyer des mules employées pour le service du Roi, pendant son séjour à Barcelone, coûtoit quinze mille doures (soixante-quinze mille livres) par jour.

L'utilité morale de ces voyages du souverain qui se fait connoître de ses sujets, est trop sentie par les philosophes, pour qu'ils ne s'inscrivent pas contre.

Quant à l'utilité des grandes communications, c'est un problème à résoudre. — Si l'esprit encore religieux de l'Espagnol, ainsi que la pureté, la simplicité de ses mœurs comparativement aux autres peuples, ne devroit pas s'attribuer principalement aux difficultés (peut-être malheureusement aplanies) qu'ont eues de voyager en Espagne, trois classes perfides de la société : 1º. Celle des savans, en général gens immoraux, qui prêchent l'orgueil et l'irreligion; 2º. les négocians cosmopolites, égoïstes; 3º. la classe des voyageurs, gens ennuyés ou oisifs, ou déshonorés dans leur patrie. Quel mal ces gens-là ne font-ils pas dans un pays? Quel bien leur absence n'a-t-elle pas produit en Espagne par ce grand principe, malheureusement fruit de l'expérience: —Plus l'homme est avec l'homme, moins il est homme.—Mais comme je n'ai pas la prétention de réformer le genre humain, je reviens aux grands chemins, pour arriver à ces auberges que l'on représente en France comme si détestables. Celles en pleine campagne, isolées, et connues sous le nom de *Venta*, sont, il est vrai, encore loin de la perfection ; mais on exagère quand on assure qu'on n'y trouve aucun des objets de première nécessité. Dans mes nombreux voyages, même à travers la Galice, en allant de la Corogne à Madrid par les deux routes, soit en poste par le grand chemin, soit à petites journées à dos de mulet avec les *maragatos* par le chemin de traverse, je n'ai jamais porté de provisions, et j'ai toujours trouvé en abondance des volailles et du gibier. Les *posadas* dans les villes ou bourgs sont abondamment fournies ; grand nombre d'elles seroient réputées bonnes en France ; et comme on ne va pas de Paris aux Pyrénées en vingt-quatre heures, on a le temps de s'accoutumer aux mauvais gîtes. Nous ne concevons pas que les Français soient si difficiles en fait d'auberges ; des Anglais, encore passe ; mais quand on a parcouru les hôtelleries du midi de la France, qu'on y a vu des servantes graillonneuses, arrivant dans la salle à manger le pain fortement pressé sous le bras, les serviettes avec lesquelles on doit s'essuyer la bouche, mises en équilibre sur une tête qui n'est pas parfumée à l'huile antique ; lorsqu'on a été forcé de coucher dans des lits, dont l'odeur contraste fortement avec l'assurance de propreté dont cherche à vous convaincre la verbeuse servante ; lorsqu'on s'est enfermé dans ces rideaux verts bordés de jaune, portant l'empreinte de la pulmonie de quelque voyageur ; alors, en vérité, on n'est pas en droit de se plaindre des auberges d'Espagne : le parallèle seroit même à leur avantage, soit qu'on entre par la Catalogne, soit par la Biscaye. Nous conviendrons que les lits en Espagne sont plus durs qu'en France, mais il est reconnu que les lits durs sont plus salubres que les lits de plumes.

Ce que je n'ai jamais vu en France, c'est ce que rapporte M. Bourgoing au sujet de la prévoyance des autorités pour le bon traitement des voyageurs dans les auberges d'Espagne. « (1) A Penaranda je trouvai affiché à
» la porte de l'hôtellerie un placard, où l'alcade
» prescrivoit à l'hôtesse la manière dont elle
» devoit traiter les voyageurs, le prix qu'elle
» pouvoit exiger d'eux pour leur coucher,
» pour la nourriture de leur monture. La
» prévoyance alloit jusqu'à défendre à l'hô-
» tesse de laisser jouer des jeux défendus,
» de recevoir des hommes armés, ou des
» femmes de mauvaise vie. » — La réflexion de l'auteur sur une mesure aussi sage ne seroit point déplacée dans l'ouvrage de M. de Langle ; mais je suis étonné que M. Bourgoing l'ait mise par écrit. « C'est avec de pareilles entra-
» ves, continue-t-il, auxquelles la commodité
» perd beaucoup sans que les mœurs y ga-
» gnent, que l'Espagne manquera long-temps

---

(1) *Tableau de l'Espagne moderne*, v. 1, p. 61.

» de bonnes auberges, et restera l'épouvantail
» des voyageurs. » Si cette idée n'étoit pas de
M. Bourgoing, on croiroit que pour améliorer les auberges d'Espagne, l'auteur con-
seilleroit d'y établir des filles, des banques,
et d'y recevoir toute espèce de gens armés.
Tout cela pourroit ne pas être un épouvantail
pour quelques personnes, mais seroit certainement un titre d'exclusion pour les gens honnêtes.

Arthur Young, voyageant en France en
1789, s'exprime ainsi sur quelques-unes de
nos hôtelleries françaises: (1) « Il n'est pas au
» pouvoir d'une imagination anglaise, de se
» figurer les animaux qui nous servirent au
» Chapeau-Rouge, des êtres que par cour-
» toisie les habitans de Souillac appeloient
» femmes, mais qui, en vérité, n'étoient que
» des fumiers ambulans. C'est en vain qu'on
» cherche en France une servante propre et
» décemment mise, dans une auberge.

» (2) A Saint-Girons, je vais à la Croix-
» Blanche, le plus exécrable réceptacle d'or-

____

(1) *Voyage en France* d'Arthur Young, v. 1,
p. 44.
(2) *Idem*, v. 1, p. 108.

» dure, de vermine, d'impudence et d'im-
» position qui ait jamais exercé la patience,
» ou choqué la sensibilité d'un voyageur.
» L'Espagne n'avoit rien offert à mes yeux
» d'égal à cet égoût, qui auroit fait sauver un
» cochon d'Angleterre. »

Le Français qui lira ceci, attribuera ces deux exemples à cette animosité du peuple anglais contre le peuple français ; mais M. Kotzebuë, allemand, ne possédant aucune inimitié nationale contre la nation française, dans la relation qu'il fait de son voyage jusqu'à Paris, se plaint aussi des auberges, de leur mal-propreté et des voitures publiques ; et cependant M. Kotzebuë n'a pas été gâté en Allemagne ; et convenons de bonne foi, que s'il étoit permis à un Français de convenir qu'il y a quelque chose d'imparfait en France, il seroit de notre avis.

LAINES.

DE tous les arts, celui du berger, suivant M. de Langle, est le seul cultivé en Espagne. M. de Langle est bien bon d'accorder un seul art aux Espagnols. On attribue généralement au climat, au voyage périodique des troupeaux dans les montagnes, aux sucs des plantes dont ils se nourrissent, aux soins des bergers, cette finesse et cette blancheur que nous admirons dans les laines dites léonèses et segovianas. Ces qualités sont-elles le résultat de l'influence du climat, des voyages et des plantes? c'est ce que j'ignore : peut-être toutes ces causes contribuent-elles chacune en particulier à cette perfection si admirée. Nous ne pouvons juger que des effets. Il n'en est pas moins vrai que l'Espagne possède une source de richesses inépuisables ; et plus les étrangers cherchent par tous les moyens possibles à extraire cette mine à leur profit , plus le gouvernement doit y mettre d'obstacles. M. d'Aranda, dans un de ses momens de bonne vue pour son pays, disoit : que si on l'eût consulté, jamais un seul mouton espagnol ne fût passé en France. M. d'Aranda étoit vraiment patriote lorsqu'il parloit ainsi ; il vouloit les intérêts réels de son pays.

D'après le système social, les peuples se doivent sans doute l'échange réciproque des productions de leur pays : c'est par ces échanges que se forme ce lien commercial qui unit un monde à un autre, qui des habitans de l'univers compose un seul peuple ; mais sans déroger à ce pacte de convenance, on peut, ce me semble, refuser à une nation étrangère et rivale les matières premières qui établissent une branche avantageuse de commerce à la nation possédante : en fournissant le résultat, elle a payé sa dette au pacte général. M. Bourgoing cherche par les instances les plus pressantes à obtenir l'introduction des troupeaux espagnols en France ; par de douces insinuations, il voudroit pallier les torts que cette introduction pourroit porter au commerce de cette puissance notre alliée, et il finit par donner certitude, « (1) qu'en concourant à la dimi-

______

(1) *Tableau de l'Espagne moderne*, v. 1, p. 108.

» nution des immenses troupeaux de mou-
» tons, on acquerroit des droits à la recon-
» noissance des Espagnols plutôt qu'à leur
» ressentiment. » Par le traité de Bâsle,
S. M. C. a permis l'extraction de six mille
moutons. C'est à ses ministres à calculer jusqu'à quel point il est de l'intérêt du gouvernement d'étendre ou de limiter ses généro-
sités. Nous lui devons déjà de la reconnoissance pour les dons qu'il nous a faits ; et nos
troupeaux éprouvent une amélioration très-
marquée.

Je tiens d'un propriétaire qui fit à Alfort
l'acquisition de trente moutons espagnols, que
ces trente moutons lui ont donné cent quatre-
vingt-onze livres pesant de laine de tonte,
tandis que trente moutons de race française
n'en ont fourni que soixante-quatorze livres,
qui se sont vendues à raison de dix-sept sous la
livre, tandis que la livre des laines espagnoles
s'est vendue quarante-cinq sous la livre. La
tonte de son troupeau croisé avec la race espagnole, a plus que doublé le revenu qu'il en
tiroit avant de l'avoir mélangé.

Les laines, cette branche de commerce si
précieuse, donnent à l'Espagne une exportation

tion annuelle de quatre cent soixante-quinze millions. C'est par les ports de Bilbao, Saint-Ander et Séville que s'écoulent les laines. La France en importe pour vingt-trois millions; le surplus est enlevé par les Anglais et les Hollandais. Les laines transportées dans l'étranger rentrent en partie en Espagne, mais transformées en draps, etc. Par le compte des douanes, il est prouvé que l'Espagne reçoit en importation annuelle 2,900,000 aunes de draps, lesquelles, tout décompte fait du prix de la matière première fournie, donnent aux étrangers un profit de 16,733,000 réaux (4,183,250 livres tournois), qui, d'après le calcul le plus modéré, fait vivre onze mille cent cinquante-cinq personnes, payées à 30 sous par jour.

La flanelle fine que les Anglais importent en Espagne, se monte à la valeur de 15,301,730 réaux (3,824,432 livres 10 sous), et emploie quinze mille cinq cent seize personnes.

Par ces résultats, on verra que l'Espagne possédant exclusivement les laines les plus précieuses, paie annuellement aux étrangers, 8,008,682 livres 10 sous pour lui fabriquer

M

des draps et des flanelles, et qu'elle nourrit vingt-six mille six cent soixante-onze de ses ennemis, l'Angleterre étant souvent en guerre avec elle.

Presque tout le commerce des laines est fait par les négocians de Madrid, qui accaparent les propriétaires des troupeaux, en leur faisant des avances d'argent: car, excepté les monastères du Paular, de l'Escurial et de Guadalupe, et quelques maisons puissantes, les propriétaires de troupeaux se maintiennent plus par le crédit, que par leurs fonds propres. C'est ainsi que la branche principale du commerce d'Espagne fructifie pour les négocians infiniment plus que pour l'augmentation de cette même branche ; car, par le moyen de leurs courtiers, les négocians sont à l'affût des propriétaires nécessiteux ; et au lieu de leur faire des fonds pour l'augmentation de leurs troupeaux, ils profitent de leur détresse pour en avoir la tonte à bon compte. Ces laines achetées à bas prix, sont vendues aux étrangers à un prix encore au-dessous de leur valeur réelle: de manière que le profit le plus considérable est encore pour les étrangers, qui vendent les draps au prix calculé non sur celui qu'ils ont payé, mais sur celui qu'ils auroient dû payer les laines qu'ils ont manufacturées.

Qu'on calcule les avantages immenses que retireroit l'Espagne de cette propriété de laines superfines, dont l'on ne peut se passer dans les manufactures étrangères, si changeant son système d'exportation, elle importoit celles d'Angleterre et de France, et établissoit des manufactures de draps en proportion des débouchés qui s'ouvriroient à cette branche de commerce, qu'elle accapareroit exclusivement. — Louviers, Sedan, Verviers, l'Angleterre, qui doivent la réputation de leurs draps au mélange des laines d'Espagne, disparoîtroient, et l'Europe entière deviendroit tributaire de l'Espagne pour ses habillemens.

On a remarqué que depuis le perfectionnement des fabriques de draps ordinaires, établies en Aragon, dans le royaume de Valence, et dans la principauté de Catalogne, les draps anglais de seconde et troisième qualité ont perdu leur valeur, et Madrid n'en consume même plus. Encore un pas, et cette branche de commerce sera enlevée à l'Angleterre. N'est-il pas affligeant de voir les ports de Bilbao, Saint-Ander, remplis de navires anglais apportant le produit de la mer, des morues qui appartiennent à tout le monde, et s'en retournant chargés de cette toison d'or, possession exclusive du continent espagnol ?

Au pied du trône, dans la chambre des Pairs, sont trois ballots de laine couverts, comme les bancs, de flanelle rouge. Ils sont ainsi placés pour rappeler aux membres du parlement, que la laine fait un des objets les plus importans des productions et du commerce d'Angleterre. C'est sur ces ballots que s'asseyent les juges. C'est sur ces ballots que doit se porter l'attention des ministres de S. M. C.

COMMERCE.

POINT de puissance en Europe mieux située que l'Espagne pour le commerce. Une étendue considérable de côtes sur l'Océan et sur la Méditerranée, des ports vastes, abrités et commodes sur ces deux mers, des rades foraines d'un ancrage sûr, une latitude avantageuse pour le départ de ses vaisseaux, soit pour les Indes, soit pour les Amériques, latitude qui lui donne un avantage considérable sur les départs des bâtimens du nord, qui sont obligés de passer la ligne. — Dans le Nouveau-Monde, depuis la pointe de la Californie jusqu'au détroit de Magellan, cette immensité de côtes, où l'on trouve des ports qui peuvent rivaliser avec ceux du continent européen. Sur la côte opposée à la mer Pacifique, le golfe du Mexique entièrement sous sa dépendance, l'île de Cuba, la plus considérable des Antilles, et qui elle seule pourroit approvisionner de sucre l'Europe entière; au sud, des possessions portugaises du

3

Brésil, l'établissement de Buenos - Ayres ;
dans les mers de l'Inde, des îles considérables par leur étendue, précieuses par leur
position et leur produit : tels sont les droits
que la couronne d'Espagne peut produire
pour accaparer le commerce du monde. Et
pourquoi l'Espagne ne prendroit-elle pas cette
supériorité commerciale à laquelle l'appelle
sa situation topographique? Qu'étoit l'Angleterre avant et lors cette longue guerre
entre les maisons de Lancastre et d'York ?—
Où étoient ces manufactures, où étoient ces
vaisseaux qui depuis ont rendu cette puissance si prépondérante ? — Des Flamands
fuyant les cruautés du duc d'Albe, trans-
portèrent à Londres l'art des belles manufactures ; les réformés cherchèrent dans la
Grande-Bretagne un asile que leur refusoit
la France, et y portèrent leur industrie. —
Les vaisseaux des villes Anséatiques transpor-
toient les richesses naturelles de ces insu-
laires, leur plomb et leur étain. Mais Elisa-
beth (ce grand Roi) sut profiter des fautes
des souverains aveuglés sur les vrais intérêts
de leurs peuples ; et c'est à elle que l'Angleterre doit et son commerce et ses progrès en
navigation.

Le commerce s'établit par les échanges réciproques ; le surplus de l'un pare au déficit
de l'autre, et la balance est en faveur de celui
qui donne plus qu'il ne reçoit : or, cette balance devroit être en faveur de l'Espagne, car
elle a tout à donner, et si elle vouloit, rien à
recevoir ; c'est ce que je vais prouver.

Son continent européen lui fournit abondamment tout ce qui est de première nécessité. L'Aragon, le royaume de Valence, l'Andalousie, la Castille et la Navarre lui fournissent des laines superfines ; voilà ses draps.
—Valence, Grenade, Murcie, lui fournissent
des soies ; voilà les étoffes de luxe. — La Catalogne, le royaume de Valence, celui de
Murcie, celui de Grenade lui donnent des
eaux de vie, des vins, de la soude, de la ba-
rille, des huiles. — La Manche : ses provinces
intérieures abondent en vin ; avec quelques
améliorations dans le système d'agriculture,
l'exécution de la cédule de 1765 pour le libre
commerce intérieur et la prohibition d'exportation dans l'étranger, elle aura suffisamment de grains pour sa consommation, car le
superflu des grains d'Estramadoure, qui
passent en Portugal, celui de Castille qui va

4

en France par Saint-Ander, fourniroit au déficit de la Galice et des Asturies. Les îles
Canaries fertiles en toute sorte de grains, suf-
firoient à l'approvisionnement de la métropole. L'île de Lanzarote, une des Canaries,
donneroit au-delà de la consommation.

D'après le relevé des grains qui sont entrés
en Espagne pendant le cours de dix-huit
années, il paroit qu'il y eut, pendant ce temps,
un déficit de 11,315,851 fanègues.

$$
\begin{array}{lr}
\text{Entré} \dots\dots\dots & 12,006,680 \\
\text{Sorti} \dots\dots\dots & 690,829 \\
\hline
 & 11,315,851 \\
\end{array}
$$

Avoine.

$$
\begin{array}{lr}
\text{Entré} \dots\dots\dots & 1,650,399 \\
\text{Sorti} \dots\dots\dots & 48,649 \\
\hline
 & 1,601,750 \\
\end{array}
$$

A 36 réaux la fan., bled. 407,370,636 réaux.
A 22 réaux l'avoine··· 35,238,500
Total· 442,609,136

Par chaque année le déficit n'est donc que
de 24,589,341 réaux (6,147,335 liv.)

La Biscaye fournit des fers dont on connoît l'excellence. — Les Pyrénées, les montagnes de Galice, l'Andalousie, la Catalogne, la Navarre donnent des bois de construction. — Le royaume de Grenade, l'Aragon, la Navarre fournissent des chanvres en assez grande quantité pour la consommation de la marine. Les marins étrangers conviennent que les cordages et câbles d'Espagne sont mieux travaillés et plus durables que ceux du nord. La bourre qu'on détache du chanvre sert au calfatage et au doublage des vaisseaux. — Au moyen du laminoir établi au Ferrol, on pourra préparer les cuivres du Mexique et se passer de celui de Suède et de Trieste. — Les possessions d'Amérique fournissent des bois de cèdre reconnus supérieurs pour la construction des vaisseaux, du sucre, du cacao, de la cochenille, du café, de l'indigo, de la vanille, de la cannelle et des plantes médicinales ; et le tout en si grande abondance, qu'elles approvisionnent l'Europe d'une partie de ces articles. Voilà l'énumération des choses de nécessité, que l'Espagne trouve dans ses vastes possessions. Il ne faut pas oublier ces mines du Pérou, du Potose, du Chili, du Mexique, trésors

(186)

inépuisables qui fournissent les seules monnoies
en cours dans les Amériques, et même dans
une partie de l'Inde.

D'après tous ces avantages, on voit que le
commerce en Espagne ne demande qu'un
grand encouragement. Il prendroit un accroissement considérable si les grands propriétaires
s'en occupoient. Les souverains n'ont négligé
aucuns moyens de porter la noblesse au commerce maritime. Des cédules royales ont déclaré que le commerce en grand ne dégra-
doit point ; mais jusqu'à présent, le duc
d'Ossuna est le seul Grand-d'Espagne, qui
ait fait des spéculations.

Je tiens d'un homme très au fait des finances d'Espagne, que les mines des Amériques espagnoles donnent au Roi trente millions de piastres (cent cinquante millions tournois) d'extraction nette arrivant en Europe,
les administrations et troupes d'Amérique
payées. Pour les droits de douanes sur l'argent
ou marchandises arrivant aux particuliers de
la métropole, le Roi retire quarante millions
de piastres. Total, soixante et dix millions de
piastres (ou trois cent cinquante millions tournois) que le Roi retire de ses mines d'outre-mer.

Ce simple aperçu est, je crois, suffisant pour prouver le degré de prospérité que peut atteindre le commerce espagnol. Voyons maintenant le parti qu'il tire de tous ces avantages. Pour y parvenir, je mettrai sous les yeux du lecteur un tableau de l'état des importations et exportations espagnoles, pendant le cours de différentes années. Nous commencerons par ses rapports avec l'Angleterre, puissance jusqu'à présent prépondérante en commerce.

Exportations d'Espagne en Angleterre.			*Importations d'Angleterre en Espagne.*		
Années.	liv. st.	sh.	Années.	liv. st.	sh.
1781 —	114,492	7	1781.		
1782 —	144,541	12	1782.		
1785 —	697,712	14	1785 —	788,064	2
Total.	956,746	13	Total.	788,064	2

Exportation. . . .   956,746 13

Importation. . . .   788,064 2

Balance p^r les 3 années.   177,682 1

Exportations d'Espagne en Angleterre.			*Importations d'Angleterre en Espagne.*		
Années.	liv. st.	sh.	Années.	liv. st.	sh.
1792 —	897,840	12	1792 —	794,101	11
1793 —	485,872	18	1793 —	476,726	17
1794 —	748,546	10	1794 —	634,654	0
1795 —	992,853	13	1795 —	436,830	19
Total.	3,125,113	14	Total.	2,342,313	9

Exportation. . . .   3,125,113 14

Importation. . . .   2,342,313 9

Pour ces 4 années,

Balance . . .   882,800 4

Nous n'avons pu nous procurer l'état de l'exportation des vins d'Espagne en Angleterre que pendant les années suivantes.

Années.	liv. st.
1784	2,761
1786	3,265
1787	4,314
1788	4,744
1789	4,054
1790	5,037.

En 1782, l'Irlande exporta en Espagne pour 2,210 liv. sterl., en toiles et salaisons, et importé pour 83,413 liv. sterl. dont 77,967 de potasse.

Balance en faveur de l'Espagne. 75,757 l. st.

Exportation des Isles Espagnoles en Angleterre.

Années.	Isles.	liv. st.	sh.
1793	Cuba.........	5,121	18
1793	Caracas......	12,802	14
1794	Cuba.........	11,119	5
1795	Cuba.........	19,871	19
idem.	Buenos-Ayres.	3,264	14

En 1797, l'exportation des marchandises Espagnoles fut de...... 776,686 liv. st. 12 sh.

Importation......... 171,073   4

Balance...... 605,613   7

Par ce tableau, tiré des registres anglais ; il est clair que la balance est entièrement à l'avantage de l'Espagne. Sur ces sommes, n'est pas comprise l'extraction frauduleuse des piastres, qui est toujours à l'avantage de cette monnoie.

Par le traité d'Amiens l'Espagne a cédé aux Anglais l'île de la Trinité, la clef du golfe du Mexique. Voici le rapport de cette île avec les îles anglaises.

<table>
<tr><td colspan="2">Importation des îles anglai-
ses à la Trinité.</td><td colspan="2">Exportation de la Trinité
aux îles anglaises.</td></tr>
<tr><td>Années.</td><td>liv. st.</td><td>Années.</td><td>liv. st.</td></tr>
<tr><td>1792</td><td>17,829</td><td>1793</td><td>5,787</td></tr>
<tr><td>1793</td><td>592</td><td>1794</td><td>32,275</td></tr>
<tr><td>1794</td><td>3,017</td><td>1795</td><td>8,283</td></tr>
<tr><td>1795</td><td>42,950</td><td></td><td></td></tr>
<tr><td>Total.</td><td>29,721</td><td>Total.</td><td>81,012</td></tr>
</table>

Exportation.... 81,012 liv. sterl.

Importation.... 29,712

Bal^{ce}. de 3 années contre 4. 51,291

Quant au commerce avec la France, les principales branches sont les laines que l'Espagne exporte. Voici les articles principaux :

Laines··· 23,000,000 tournois.

Vins.···· 3,000,000

Huiles ··· 10,000,000

Total· 36,000,000, qui sont compensés par une importation, ainsi qu'il suit :

Bœufs··· 700 à 300 l. tête·· 2,100,000 l.

Moutons. 100,000 à 24 l. tête·· 2,400,000 l.

Mulets·· 20,000 à 300 l. chaque 6,000.000 l.

Total····· 10,500,000 l.

Exportation········· 36,000,000 l.

Importation········· 10,500,000 l.

Balance en faveur de l'Espagne. 25,500,000 l.

La contrebande ne peut guères entrer en ligne de compte de commerce ; cependant cette branche est tellement accréditée, qu'on trouve des assureurs pour l'introduction des objets prohibés, qui sont : les cotonnades en général, les mousselines, le tabac, le vif-argent, etc. L'extraction de l'argent monnoyé est rigoureusement prohibée. Beaucoup de personnes croient qu'en mettant un droit d'entrée sur les objets dont l'introduction est défendue, la contrebande s'éteindroit, parce qu'il n'y auroit plus d'intérêt à la faire ; et les manufactures du pays n'en souffriroient pas, puisque malgré la prohibition elles éprouvent l'effet de la concurrence, que les manufacturiers eux-mêmes facilitent, en mettant sur les objets étrangers, comme indiennes, mousselines, bas de soie, etc., la marque de leurs manufactures. Ces objets sont ensuite vendus à un plus haut prix que les objets manufacturés dans le pays, en raison de leur supériorité en teint, finesse et travail. Le gouvernement gagneroit par cette mesure, les droits de douanes, et les gages de ces nombreux préposés qui sont les premiers à faciliter la fraude. Les prises que l'on fait quelquefois sur les entrepreneurs de contrebande qui ne veulent pas se servir des préposés aux douanes, ne compensent pas la rétribution que donneroient les entrées. Le meilleur moyen de détruire la contrebande, seroit donc le perfectionnement des manufactures. Les objets manufacturés en Espagne, acquérant seulement l'égalité de beauté et de fini des objets manufacturés dans l'étranger, l'introduction desdits objets ne seroit nécessitée que pour compléter la consommation à laquelle ne peuvent suffire encore les fabriques espagnoles.

Un célèbre écrivain, Arthur Young, considère les possessions d'outre-mer comme nuisibles à un royaume européen. Agriculteur, il ne voit que du bled ; toutes ses spéculations se bornent à l'amélioration d'un champ et d'un pré. Il prétend, conséquemment à son principe, que les fonds placés en sucre, café et indigo, mis en accroissement des capitaux livrés à l'agriculture, seroient plus profitables pour le pays qui exporte son argent et ses hommes.

M. Bourgoing seroit du même avis que l'écrivain anglais ; mais j'ignore si cet avis part du même principe, lorsqu'il conseille à l'Espagne

avec

avec une bonté, dont elle doit être reconnois-
sante, d'abandonner ses possessions coloniales
et de fermer ses mines. Pour prouver l'intérêt
qu'auroit l'Espagne d'abandonner ses colonies, et le degré de gratitude qu'elle doit
aux conseils de l'ex-plénipotentiaire, je mettrai sous les yeux de mes lecteurs le tableau
des arrivages dans le port de Cadix, depuis
la paix avec l'Angleterre en novembre 1801,
jusqu'en décembre 1802.

En numéraire, pesos fuertes. 41,217,531
(Le peso fuerte est de 5 l. tourn.)

En pesos de 128 quarts. 54,742,033$\frac{1}{2}$
(Cette monnoie idéale vaut à
peu près 3 liv. 15 sous tournois; on s'en sert pour l'estimation des lingots d'or ou
d'argent.)

En denrées coloniales espagnoles, estimées en pesos de
128 quarts.................. 26,896,814

Total des pesos de 128 quarts. 81,638,847$\frac{1}{2}$
qui font 306,145,675 liv. tournois, lesquels,
ajoutés aux 41,217,531 pesos fuertes, mis en
valeur tournois, font un total de 512,233,330 l.

entrés dans le port de Cadix dans le cours d'une année.

N'ayant pu nous procurer un tableau, aussi exact que celui ci-dessus, des importations des colonies espagnoles dans les ports de Saint-Sébastien, Bilbao, la Corogne, Malaga, Alicante et Barcelone , nous croyons l'état que nous présentons suffisant pour contredire l'opinion de M. Bourgoing. Cet auteur seroit peut-être entré davantage dans les intérêts de S. M. C. en l'engageant à établir au Mexique, au Pérou, au Chili , les manufactures, les fabriques, ces résultats de l'industrie, des connoissances , et de la civilisation européenne. Ces peuples , sortant pour ainsi dire des mains de la nature, et susceptibles par conséquent de toutes sortes d'impressions, adopteroient les opinions, les usages de notre continent : ils se développeroient ; et de la fusion du caractère des habitans sous l'équateur avec ceux voisins du pôle, s'éleveroit un empire formidable aux puissances américaines, et qui donneroit à la couronne d'Espagne une prépondérance à laquelle elle a droit d'aspirer.

Il n'est pas douteux qu'un commerce trop

étendu entraîne des inconvéniens principaux. La navigation dans les parties éloignées du globe, le séjour dans des climats mal-sains enlèvent beaucoup de monde, et portent coup, non-seulement à la population existante, mais en empêchent la reproduction, par l'obstacle qu'elle met au mariage des gens de mer. On fait monter à vingt-quatre mille le nombre des sujets espagnols qui passent annuellement dans les iles. Un tiers seulement, assure-t-on, revient dans sa patrie. Une telle perte ne peut qu'être préjudiciable à la population déjà peu considérable de la métropole ; le dernier récensement la portoit à onze millions cinq cent mille ames, mais il faut retrancher de ce nombre les victimes de la guerre et des épidémies de Cadix, de Malaga, Carthagène et Alicante. Par l'établissement sur le continent de ces émigrans aux Indes, l'Espagne verroit sans doute sa population s'accroître considérablement, et son agriculture ne pourroit qu'y gagner ; il resteroit cependant à prouver si l'avantage qu'on tireroit de cette mesure compenseroit ceux qu'on retire de la communication avec les possessions d'outre-mer. La perte de l'Amérique septentrionale, loin d'avoir nui à la pros-

N 2

périté du commerce d'Angleterre ; en a, il est vrai, augmenté les rapports ; mais cette preuve ne peut être admise pour autoriser l'abandon des possessions espagnoles, dont le sol et les productions diffèrent si essentiellement du sol et des productions des colonies anglaises.

Quant au système colonial des Espagnols, tous les écrivains s'accordent à nous le dépeindre comme le plus humain. Dans son tableau du climat et du sol des États-Unis d'Amérique, Volney nous dit, page 410, vol. 2: « Les » lois espagnoles sur les noirs de la Louisiane » sont les plus douces de tous les codes eu- » ropéens. » Bourgoing, en parlant de la traite des noirs, dit (1): « Il faut avouer ce- » pendant, non à leur louange (il parle des » Espagnols), mais pour leur excuse, que si » cet horrible usage étoit tolérable sur quel- » que partie du globe, ce seroit sous la do- » mination espagnole; et il n'est pas indif- » férent de remarquer que la nation à la- » quelle on reproche plus qu'à aucune autre, » d'avoir souillé le Nouveau-Monde par ses » cruautés, est, avec les Portugais, celle par

______

(1) *Tableau de l'Espagne moderne,* vol. 3, p. 244.

» qui les nègres sont traités avec plus d'égard ;
» comme si à force d'humanité elle vouloit
» expier, réparer du moins les crimes de ses
» aïeux. » Ainsi donc la philosophie même
est forcée de se départir de sa sévérité ordinaire, pour rendre hommage à la vérité.

Aperçus particuliers.

Le premier aperçu particulier de M. de Langle, mon *Cicerone* favori, car j'aime à le suivre pour le relever dans ses faux-pas, porte sur les femmes. Il s'extasie sur le son de leur voix, qu'il préfère en Espagne » à » la plus belle sonate. » On voit que M. de Langle n'a pas voyagé en Catalogne : il n'eût pas assuré que Gluck n'auroit rien à changer à cette belle sonate espagnole. Cette musique que l'auteur dit toute faite, est de la musique, il est vrai, mais les musiciennes catalanes sont des grenadiers à voix fausse et dissonante. Cette légère critique ne va pas jusqu'à vous, séduisantes Castillanes : il est difficile, pour ne pas dire impossible, de vous entendre sans éprouver une douce émotion. J'en ai fait la cruelle expérience.

Les femmes de chaque pays ont des charmes distinctifs. L'amour est l'essence de toutes :

Chez l'Anglaise, c'est du cœur seulement que vient le besoin d'aimer. Sa physionomie est pleine de douceur et de délicatesse; le sentiment est dans ses yeux; ils pénètrent au fond de l'ame, ils y vont chercher un amant, mais un amant fidèle.

On croit assez généralement que chez les Françaises ce n'est ni du cœur ni des sens que vient le besoin d'aimer. Des observateurs superficiels ont cru remarquer, ont osé même avancer que les Françaises le plus souvent trompoient le sentiment pour satisfaire la vanité; ils n'ont trouvé chez elles que de la coquetterie; elles semblent dire, suivant eux: admirez-moi.

Si quelques Françaises donnent à penser que l'amour-propre est au moins pour moitié dans leurs affections morales; si par quelques étourderies, peut-être même des inconséquences, d'autres autorisent à présumer une victoire facile, convenons que c'est le très-petit nombre. — Quelques voyageurs, peu connoisseurs sans doute, ont assuré avoir rencontré des Françaises portant la ridicule pédanterie au point de se croire des femmes savantes; ils ont jugé qu'elles racontoient le soir mot-à-mot ce qu'elles avoient appris le matin, oubliant que les gens à mémoire ne sont que les échos des gens d'esprit; principe qui détermina la réponse de Ninon au fameux peintre Mignard, lequel se plaignoit à elle du peu de mémoire de sa fille. « Vous êtes trop heureux, lui répondit Ninon, elle ne citera point ». Ils ont remarqué que conséquemment à cette prétention, dont la vanité étoit la seule base, elles cherchoient à exercer sur leurs alentours, un despotime d'opinion, appelant à leur tribunal, et jugeant en dernier ressort, généraux, ministres, financiers, souverains. Convenons que ces voyageurs n'ont pas été heureux dans leur rencontre; car pour le lien de la société, l'union des familles, les femmes de ce caractère sont très-rares. Si enfin, nous voulons porter un jugement sain et impartial sur les Françaises, replions-nous sur nous-mêmes, descendons dans le fond de notre ame, et faisons ensuite l'analyse des sentimens que nous y aurons trouvés.— Quelles femmes autres que les Françaises nous offriront cet esprit, cette amabilité légère et piquante, cette douce complaisance,

ces prévenances délicates répétées sans af-
fectation, en un mot, ce charme de tous les
momens qui captive bien plus que ces grands
mouvemens amenés par des occasions rares?
—La Française, bonne épouse, bonne mère,
n'est pas seulement bonne: elle est femme
excellente, mère excellente. — Non, je ne
crains point d'être désavoué, pas même cri-
tiqué, en assurant que celui qui aime une
Française (non une coquette comme le prétend l'abbé de Bernis), dont il est aimé,
l'aimera toute la vie.

Chez l'Espagnole, un tempérament ardent, un desir bouillant sont la base de l'a-
mour. On ne meurt pas de langueur en Espagne ; les rigueurs y sont inconnues. Le
besoin est mutuel; si l'on plait, le bonheur
suit de près la déclaration ; si l'on ne plait
pas, toute poursuite devient inutile, rien ne
peut changer l'arrêt prononcé. — Les yeux
d'une Espagnole!! — Quel mortel a pu voir
de sang-froid deux grands yeux noirs se reposer sur lui avec une expression difficile à
définir! — L'Espagnole est petite, mais on
ne voit pas de taille plus svelte. Quelle sou-
plesse dans les mouvemens!—Quelle légèreté

dans la marche ! — Quelle grace dans son maintien; et sur-tout sous son voile (*mantila*)!

Il ne faut pas déduire de ce que je viens d'avancer, que toutes les femmes espagnoles s'abandonnent à une licence de mœurs, autorisée pour ainsi dire par le climat. J'en ai rencontré dans la bonne compagnie, et beaucoup plus qu'on pourroit le penser, qui eussent en tout pays servi de modèles de conduite. Parlant des femmes modèles, je ne puis me refuser à citer la comtesse de Montijo : à des connoissances assez étendues pour faire rougir beaucoup d'hommes qui passent pour instruits, la comtesse de Montijo joint une douce amabilité qui fait desirer et rechercher sa société des personnes qui savent apprécier le vrai mérite. Les qualités de son cœur sont connues, et elle se trahit elle-même dans l'éloge qu'elle fut chargée de faire de la marquise de Torrecilla, membre de la société d'honneur et de mérite dont la comtesse étoit secrétaire (cette société fut instituée pour fournir et veiller à l'éducation des filles pauvres, de basse extraction; les Grands d'Espagne composent ladite société). « Abandonnons aux hommes,

» dit-elle, ces actions d'éclat qui d'un pôle
» à l'autre font connoître leurs talens, et im-
» mortalisent leur nom ; contentons-nous de
» cette satisfaction intérieure, de cette jouis-
» sance céleste qu'on éprouve à faire le bien,
» en laissant ignorer la main d'où il pro-
» vient. » Je ne m'étendrai pas davantage
sur les éloges qui sont dus à cette femme
vertueuse ; je sais que je lui déplairois.

S'il est en quelque sorte permis aux Espagnoles mariées de faire brèche à la fidélité conjugale, les demoiselles ont d'autant plus de mérite à leur réserve, qu'elles ont deux ennemis
puissans à combattre : le climat et l'exemple
de leurs parens. Elles voient le (*corlejo*)
l'amant arriver de grand matin, et prendre
dans la maison l'attitude de maître, commandant les valets, et sur-tout défendant la
porte à quiconque lui porteroit ombrage ;
dans les promenades, aux spectacles, dans
les visites mêmes, accompagnant la personne
dont il devient l'ombre, du moment que le
pacte réciproque est passé. Elles ont sans
cesse sous les yeux ces familiarités de propos et de conduite que le mode de société
ne proscrit point en Espagne. Jouissant d'une

très - grande liberté de conversation , elles mêlent leurs idées à celles des personnes plus expérimentées , dont l'entretien journalier roule sur l'amour. La guitare à la main , on se plaît à les faire chanter ces couplets (*coplas*) où la passion est dépeinte de la manière la plus brûlante , et souvent la plus licencieuse; la musique en est languissante , et en même-temps enivrante à l'excès : l'expression qu'elles mettent en les chantant vient du cœur; on y voit le développement des passions. Elles ne manquent pas non plus de conspirateurs contre leur tranquillité, et il est peut-être sans exemple, qu'aucun d'eux puisse se vanter d'un triomphe. Mais malheur au mari qui se présente dans cet état des choses ! Si les parens s'accordent, le mariage est bientôt fait, et rarement l'honneur de l'époux survit-il à la première semaine; elle couronne ordinairement les soins et les souffrances de l'amant; et de cette époque, date une constance qui souvent se prolonge jusqu'aux cheveux blancs, sur-tout si aucun incident de séparation ne vient interrompre le cours de cette liaison fortunée. S'il y a séparation d'absence, on croit ne pas enfreindre

les lois de la fidélité, en écoutant les vœux
d'un remplaçant, qui cède, il est vrai, au
titulaire, dès que celui-ci se représente; car
ses droits sont imprescriptibles. Du reste,
point de jalousie à redouter en pareilles circonstances. L'amant est ombrageux, soup-
çonneux : il n'est aucun moyen qu'il n'emploie pour terrasser un rival. Il a des affidés
à ses ordres; il ordonne un châtiment; il ne
lui en coûte qu'une once d'or. Veut-il punir
de mort une provocation trop sensible, les
onces se calculent alors suivant le rang du
provocateur, et l'injurié est vengé : mais les
maris sont d'une bonhomie, d'un accommo-
dant dont les Français, les Parisiens mêmes
n'approchent pas; et pour se servir de l'expression de M. Bourgoing : « On diroit qu'en
» Espagne, la jalousie a déserté l'hymen
» pour se réfugier dans le sein de l'amour. »

En Espagne, les parens ne peuvent contrain-
dre leurs enfans à se marier contre leur gré.
Les mariages de convenance se font quand
il n'y a pas d'opposition marquée; mais si une
jeune personne a donné parole à son amant,
que les parens s'opposent à leur union, les lois
viennent à leur secours; ils n'ont qu'à choisir

le mode d'application. L'Espagnol qui n'aime pas à filer un roman, n'a point établi aux frontières de quelques provinces éloignées de la capitale, un forgeron semblable à celui de Gretna-Green, qui quitte le marteau et l'enclume pour forger les nœuds des Anglais qui, hors d'haleine, accourent de Londres ou de Bath, fuyant le sévère refus des parens insensibles à leurs amoureuses douleurs. L'Espagnol, qui n'aime pas à obtenir des jouissances payées par des peines et des fatigues, ne crève point de chevaux, ne brûle la cervelle à aucun opposant à son bonheur; son voyage se borne à aller de chez lui, chez le curé de sa paroisse; il lui montre les preuves du consentement de sa bien-aimée, et déclare qu'il veut recevoir le sacrement. Le curé, fort des pouvoirs de sa place, se transporte chez les parens de la jeune personne, les somme de lui livrer celle qui a engagé sa parole, la conduit dans un couvent de religieuses, où elle reste jusqu'au moment où elle va à l'autel jurer fidélité conjugale. Veut-il prendre un moyen qui lui épargnera même la course chez le curé? qu'il envoie un mémoire *ad hoc* au ministre, y joigne les preuves des consentemens réciproques ; l'alcade vient alors de par le Roi, faire l'enlèvement de la demoiselle, la dépose aussi dans un couvent jusqu'à conclusion de mariage. Ces lois qui paroîtront peut-être extraordinaires à certaines personnes, ont été sagement calculées pour l'intérêt général de l'augmentation de population. Pour y parvenir, dans un pays où il y a de si grandes facilités de satisfaire ses passions, il a fallu nécessairement protéger les mariages le plus possible.

En suivant les aperçus particuliers de M. de Langle, on trouve un pot-pourri de sujets, dont chacun auroit pu fournir à un chapitre particulier : n'importe, je suis décidé à le suivre dans son désordre, et renvoyant au chapitre *du caractère des Espagnols*, ce qu'il dit à ce sujet, je m'empresse d'arriver à l'imputation d'athéisme que cet auteur distribue à nombre d'Espagnols qui « soutiennent que » Dieu est un héros de roman, que le ciel et » l'enfer sont dans les espaces imaginaires, et » que le hasard a la feuille des événemens. »— Il me paroit difficile d'allier l'athéisme avec la superstition que M. de Langle accorde aux Espagnols avec une libéralité qui tient de la prodigalité ; mais une contradiction, une sottise de plus n'est rien pour un homme qui se joue de tous les principes.

L'auteur qui trouve des ridicules partout, voit souvent la paille dans l'œil de son voisin, sans s'apercevoir de la poutre qui l'aveugle. Il trouve fort mauvais que les Grands attachés au service du Roi, le servent à genoux, et soient immobiles devant lui. — C'est en 1796 que la presse gémit sous les idées du savant voyageur en Espagne, qui naguères s'étoit lui-même courbé, prosterné, agenouillé, non devant son Roi, à qui il avoit cependant, en qualité de mousquetaire, juré serment de fidélité ; mais devant la déesse de la Raison, déesse des philosophes, devant laquelle le parjure est vertu, et le crime méritoire.

Plus loin, par esprit prophétique, il devine que son livre sera sûrement réduit en cendres; et il s'écrie, dans un philosophique enthousiasme : « Tant mieux, mille fois tant mieux, » cela porte bonheur, c'est le cordon bleu de » l'auteur. » Une voix secrette, un retour momentané de conscience lui faisoit entrevoir le sort de son ouvrage. Qu'il eût été étonné, dans cet éclair de sentiment, si on lui eût prédit cinq éditions de ses erreurs ! Les Voltaire, Rousseau,

Rousseau, d'Alembert, les écrivains subalternes comme Langle, méritoient un cordon il est vrai, mais ce n'étoit pas un cordon bleu.

Oubliant qu'à la page précédente, il a rencontré à Madrid une foule d'athées qui ne croient rien, qui par conséquent ne possèdent aucune vertu, l'auteur avoue que dans cette capitale « il se fait beaucoup de bonnes œuvres; » qu'on y rencontre plus qu'ailleurs des hom- » mes vertueux, des hommes modèles, à qui, » pour le bonheur du monde, le genre hu- » main devroit ressembler. » Encore une justice arrachée par la vertu ! — Elle doit être bien puissante, même aux yeux de l'homme immoral, cette vertu; puisqu'elle le force parfois à lui rendre hommage ; mais cet hommage est de courte durée pour M. de Langle, car il voudroit ridiculiser cet usage imposant et respectueux ; usage pratiqué dans toute l'Espagne, qui contraint la première personne qui, en voiture, rencontre le viatique, de descendre de son carrosse, et de le céder au prêtre qui porte la consolation au Chrétien mourant. Le Roi lui-même n'est pas exempt de cet usage. On a vu plusieurs fois S. M. C. se trouvant en pareilles circonstances, non-seulement descendre de voiture pour y mettre le prêtre à sa place, mais s'emparant d'un flambeau, le chapeau bas, suivre à pied le viatique jusqu'à l'endroit de sa destination, monter dans la chambre même du pauvre, et s'agenouillant au pied du lit du moribond, unir ses prières à celles du prêtre qui implore le pardon divin pour l'ame qui va paroitre au tribunal suprême du Dieu tout-puissant. Quel exemple pour des philosophes !! L'homme devant qui, sur la terre, tout plie, tout obéit; le souverain qui d'un seul mot, d'un seul geste, peut faire mouvoir des millions de sujets; qui, pendant la durée de ses jours, ne connoit d'autre volonté que la sienne, se mettre dans l'attitude la plus soumise, la plus respectueuse, aux yeux des hommes la plus humiliante, se prosterner; devant qui, M. de Langle? — Est-ce devant un homme semblable à lui, ou plus puissant seulement par le nombre de ses sujets, et devant lequel il implore grace ? Non; c'est devant le Saint des Saints, le Grand des Grands, le Créateur de l'Univers, qui se manifeste dans une simple hostie faite des mains des hommes.

Et c'est cela que vous appelez « la dernière

» planche sur laquelle se sauve la Religion aux
» abois! » C'est une planche, il est vrai; mais
c'est celle offerte par la bonté divine, aux
malheureux exposés à la tempête de leurs passions : c'est cette même planche qui vous sera
offerte malgré vos impiétés, M. de Langle; et
c'est en la saisissant que vous reconnoîtrez le
Dieu miséricordieux qui, pour prix d'un instant de repentir sincère, vous pardonnera des
années d'erreur et de blasphème.

PAPIERS PUBLICS.

La gazette de Madrid est le seul journal en Espagne qui annonce les événemens politiques. Les nouvelles sont un peu tardives, mais assez certaines. Les villes principales du royaume ont aussi leur gazette particulière, qui copie celle de Madrid. Dans les villes de commerce on trouve un (*diario*) qui annonce journellement tout ce qui a rapport au négoce.

La gazette de Madrid est entièrement à la disposition du gouvernement. Est-ce un mal? les philosophes diront que oui; les gens sensés, ceux qui calculent à quel point peut être dangereuse la liberté de la presse pour les personnes à demi éclairées, et dans tous les pays c'est le plus grand nombre; ceux qui combinent l'effet du climat sur des imaginations vives; ceux-là diront : que le public ne doit savoir que ce que le gouvernement juge à propos de lui apprendre. C'est à lui à peser dans sa sagesse jusqu'à quel point on doit faire connoître les effets opposés des passions des hommes, et sous quel jour on doit présenter au peuple les changemens politiques.

En limitant l'imagination des rédacteurs des feuilles périodiques, en réduisant leur fonction au développement des idées dont le gouvernement ne leur donne que l'ensemble, on évite le très-grand inconvénient de voir un simple gagiste du public, payé par lui pour lui apprendre des nouvelles, se croire tout de suite un homme important, chargé de l'instruction de ses lecteurs, et s'ériger en professeur de morale. Et souvent de quelle morale ! — Mais que deviendroient les gouvernemens établis, que deviendroient la sûreté des états, celle des particuliers, et par suite celle des peuples, si on laissoit à chacun le droit de débiter ses maximes politiques, souvent mises en calcul d'agiotage ?

FINANCES.

LE délabrement général des finances est, dit-on, à l'ordre du jour. Le système de l'Espagne est passé au même scrutin, et le public le déclare mauvais sans en connoître le détail.

M. Bourgoing dit (1) « que si l'Espa- » gne est destinée à éprouver le bonheur ou » le fléau d'une révolution (comment laisser l'optative entre ces deux résultats? La Fontaine avoit bien raison de dire que le bout de l'oreille paroissoit toujours), « il n'est pas probable » qu'elle le doive à ses finances. »

Adam Smith, après avoir considéré les grandes nations de l'Europe, sous le rapport de leurs dettes qu'il compare à celles des particuliers, regarde, sans distinction, leur ruine comme très-probable.

Sans chercher à découvrir jusqu'à quel point de justesse peut arriver cette assertion et cette comparaison fautive sous beaucoup de rapports, les ressources d'un particulier ne

____

(1) *Tableau de l'Espagne moderne*, v. 2, p. 14.

pouvant être comparées à celles d'un état, j'entrerai dans le sens du célèbre légiste , et conclurai qu'un royaume est d'autant mieux administré et loin de sa perte, quand ses finances sont en bon état. Sous ce rapport, quelle puissance en Europe peut être comparée à l'Espagne ?

L'Espagne est sans dettes ; et, quoi qu'en dise M. Bourgoing, les créances de Philippe V ont encore assez de confiance pour être négociées. J'en ai un exemple par moi-même , et depuis que la dynastie régnante est sur le trône d'Espagne , la confiance a remplacé cette méfiance basée sur la malversation des finances sous les rois autrichiens. Le gouvernement a créé un papier-monnoie ; ce papier subit les chances du cours des différentes places de commerce. En 1802, à la paix avec l'Angleterre, il fut généralement à quatre pour cent , après avoir perdu soixante. Dans le moment où nous écrivons , on rembourse les actions royales. Un gouvernement qui retire ses papiers n'est pas dans un état délabré.

Les papiers-monnoies ont des avantages dont les effets sont incalculables, et dont le premier est d'attacher les sujets riches au gouvernement, en les engageant à placer une partie de leur fortune dans les fonds de l'état : mais cette fusion d'intérêts ne peut exister que dans les pays où il existe un esprit national; et ce fut sans doute d'après la connoissance que le comte de Cabarrus avoit du caractère Espagnol, qu'il fit adopter la création des papiers-monnoies d'Espagne connus sous le nom de *vales - réales*. Le comte de Cabarrus a de vastes connoissances en finances ; mais il est étranger, et cette raison fut suffisante pour lui créer des ennemis, des envieux qui ont contrarié ses vues et ses plans. M. le prince de la Paix, qui prend le mérite partout où il le trouve, l'a un moment rapproché de lui. Un des financiers les plus éclairés que possède l'Espagne en ce moment, est l'intendant de Catalogne, don Blas de Aranza ; depuis qu'il occupe ce poste important, il a donné des preuves de connoissances étendues dans la partie de l'administration. L'opinion publique le désigne, depuis long-temps, pour le ministère des finances.

Le trésor royal est sous la direction de deux-trésoriers généraux. Trois directeurs-généraux ont la perception des rentes. M. Bourgoing convient que l'Europe n'a rien de mieux à citer que cette administration.

Les revenus de la couronne sont établis sur le produit des droits, sur les denrées, sur le tabac, sur le sel, sur l'extraction des laines, sur les poudres, sur le soufre, le vif-argent. Les rentes et les dîmes portent sur les biens du Clergé et sur les rentes et dîmes des particuliers. Les impositions foncières sont peu de chose; je ne connois point de pays où le propriétaire soit moins grevé. — Il existe des droits de demi-annates et de Lanza, qui ne portent que sur les Grands d'Espagne. — Les rentes provinciales sont produites par l'impôt sur le vin, le vinaigre, les huiles, viandes, chandelles, etc., etc.

Il est impossible de pouvoir fixer les revenus du trésor royal; ils sont subordonnés à l'extraction des mines du Nouveau-Monde, qui, malgré l'aperçu que j'en ai donné, n'a pas de fixité.

HÔTELS.

Monsieur de Langle, en parlant des hôtels en Espagne, et sur-tout à Madrid, nous prouve qu'il n'a vu que des hôtelleries, qu'il aura, comme Don-Quichotte, prises pour des hôtels. Ce n'est que là qu'il aura trouvé des morceaux de miroir, des rideaux déchirés, des lambeaux de tapisserie. S'il avoit fréquenté la société des grands, il auroit vu leurs hôtels tapissés de ce que les manufactures de Lyon produisent de plus riche; il auroit vu dans chaque antichambre ou salle précédant le salon, des (*brazeros*) coupes en argent de dix-huit à vingt pouces de diamètre, dans lesquelles on met du charbon allumé ; ces coupes en somptuosité, surpassent les poêles des antichambres de Paris. Il auroit vu enfin , dans l'ensemble des ameublemens des hôtels, ce luxe qui atteste la richesse : mais M. de Langle a fait serment de ne jamais dire la vérité ; c'est le seul auquel il n'est pas parjure. — Quelle plate absurdité de nous assu-

rer « que l'Espagnol le plus riche ne dort
» que sur un grabat, que les enfans dorment
» sur des nattes, et que les femmes ont de
» la paille ou des feuilles à leur choix ! » Une
telle sottise tombe d'elle-même, et ne fait
que plonger davantage son auteur.

CONTREFACTEURS.

DEUX pages sont employées toujours par M. de Langle pour prouver que les contrefacteurs doivent recevoir une punition diffamante. Il en appelle à cette loi, à ce principe qu'il établit, « que depuis que l'argent est de- » venu le signe et l'échange de nos besoins, » tout doit naturellement s'acheter et se ven- » dre. » — Oui, M. de Langle, vous et beaucoup d'autres avez prouvé que tout se vendoit, que tout s'achetoit : vous avez mis les principes et l'honneur dans la liste des choses vénales ; mais il est positif que vous et beaucoup d'autres n'en avez pas acheté ; car vous n'auriez pas dit : « que le général, l'officier, » le soldat vendent leur sang, mettent leur vie à » l'enchère. » — Le général, l'officier qui dissipe sa fortune pour servir son prince (et combien d'exemples n'en avons-nous pas eu dans des temps qui n'existent plus !), le soldat qui monte à l'assaut, celui qui enlève une batterie, celui qui se précipite dans un bataillon ennemi pour en saisir le drapeau, d'Assas,

criant : *à moi, Auvergne , ce sont les ennemis :*
tous ces héros de l'honneur spéculent-ils sur
leur bravoure ? calculent-ils que telle action
d'éclat leur donnera tant de mille livres de
rente ? — Non, M. de Langle : puisque vous
l'ignorez, nous vous apprendrons que le
sang qu'un sujet fidèle verse pour son souverain n'a pas de prix ; que sa plus forte récompense est la satisfaction de celui pour qui il
sacrifieroit mille fois sa vie, et qu'il ne demande pour tous ces sacrifices, qu'une place
dans la postérité.

Pour appuyer son principe, M. de Langle
demande une compensation des sommes que
l'éducation de l'auteur a coûté, de celles qu'il a
employées pour vérifier les faits, les dates, pour
se transporter sur les lieux afin de rendre son
livre moins imparfait. M. de Langle parle sûrement en faveur des autres ; car pouvant calculer par les résultats, les sommes qu'a coûté
son éducation , celles qu'il a employées à son
voyage en Espagne , à la vérification des faits,
dates, etc., nous pouvons nous tranquilliser
sur l'état de ses finances, et rester convaincus
que toutes ces dépenses n'ont pas dû produire un énorme deficit dans sa fortune.

FLEUVES.

Dans son chapitre *des fleuves*, M. de Langle affirme « que c'est à des étrangers que » l'Espagne doit presque tous les plans, les » réformes utiles et les connoissances dont elle » a eu besoin. »

Il dit que la fabrique (d'Aranjuez) (il veut dire sans doute celle de Saint-Ildephonse; mais c'est une erreur topographique qu'il est permis de faire quand on voyage en Espagne, de son cabinet à Paris), qui fournit les plus belles « glaces que l'on connoisse en Europe, a été » établie par un Irlandais; ce sont des Fran- » çais qui ont formé les fabriques de soie de » Valence; ce sont des Français qui se char- » gent d'exploiter les salpêtres de l'Aragon; » ce sont des Français qui perdirent leur » temps, leurs peines et leurs fonds à fouiller » dans les mines de Guadalcanas. »

Je demanderai à M. de Langle pourquoi ces Français ingénieux qui vont porter leur industrie chez l'étranger, ne la mettent pas à profit dans leur pays natal; ce qui seroit beaucoup plus simple, et qui feroit que la fabrique de Louviers de M. Decretot, la première fabrique de laine du monde, n'auroit pas besoin de deux Anglais pour diriger ses moulins à coton ;

Que la manufacture des planches à cuivre pour le doublage des vaisseaux, près de Louviers, ne seroit pas dirigée par des Anglais;

Que les Anglais ne seroient pas en possession de la manufacture des cuirs de Pont-Audémer;

Que les ouvriers anglais ou allemands n'auroient pas la vogue à Paris pour les articles de sellerie, bottes, etc;

Que les voitures les mieux faites ne sortiroient pas à Paris des mains des carrossiers allemands.

N'est-ce pas à un Anglais, à M. Wilkinson, qu'on doit la connoissance de l'art de jeter des canons massifs et de les percer ensuite? Sa machine à forer quatre canons à la fois, est établie dans une île de la Loire au-dessous de Nantes : une pareille fut établie au Creuzot, près Mont-Cenis en Bourgogne. Elle peut percer dix-huit canons à la fois. C'est ce même

M. Wilkinson qui a établi au Creuzot les grandes pompes à feu dont le mécanisme et le jeu surpassent tout ce qu'on peut voir dans les autres pompes à feu.

Les cristaux de Mont-Cenis n'étoient-ils point travaillés par des Anglais?

Après tous ces exemples et quantité d'autres que nous pourrions citer, convenons que nous recevons en France en personnes utiles à nos besoins, au moins autant que nous en fournissons à quelques pays étrangers. Ne calculons donc pas le nombre de ceux qui vont en Espagne.

VIVRES.

Vivres.

Je ne parlerai des vivres dont le prix est à Madrid comme à Paris et Londres, tantôt haut, tantôt bas, suivant le plus ou moins d'abondance, que pour opposer M. de Langle à lui-même. Il dit « que le mouton frais ou » salé, bouilli avec des carottes et des oignons, » est la nourriture ordinaire du bourgeois et » de l'artisan. » — Il oublie que dans ses aperçus particuliers, il nous parle d'une visite qu'il fait dans une maison opulente : « Il » y trouve quatre personnes ; on alloit dîner, » on venoit de s'asseoir ; tout étoit servi ; il » n'y avoit que trois œufs, une salade et quatre » pommes sur la table. » — Voilà le dîné dont fut témoin M. de Langle dans une maison opulente, tandis que chez l'artisan il auroit trouvé du mouton avec des légumes. Suivant Rousseau, la gourmandise est le vice des cœurs qui n'ont point d'étoffe : l'auteur du Voyage en Espagne est-il gourmand ?

P

PETITS-MAITRES.

LES jeunes gens de Madrid sont accusés de suivre les modes de France. Quelques observateurs s'en sont plaints. Il est vrai que c'est un grand ridicule. — Ils ont trouvé mauvais que quelques accidens de nature dont sont affligées des personnes distinguées par leur rang ou par leur place, donnent le ton, deviennent affaire de mode. et qu'il soit reçu qu'une nation entière porte des lorgnettes parce qu'un seul individu a les yeux foibles. Pour peu que nos censeurs des folies des autres eussent regardé autour d'eux étant à Paris, ils auroient vu non-seulement des jeunes gens, mais des personnes d'âge à être raisonnables, adopter des manies non-seulement ridicules, mais nuisibles à l'intérêt de leur patrie. — Quel homme oseroit paroître dans la bonne compagnie, sans être habillé à l'anglaise, sans avoir du piqué anglais, des bas anglais, des bottes de cuir anglais, faites par Ashley? — Les fabricans sont obligés de tout faire à l'anglaise, les marchands de dire tout anglais : on croiroit que les uns et les autres n'ont des commandes que pour Londres. — Oseroit-on paroître dans une voiture qui ne seroit pas anglaise ou faite à l'anglaise ? Le cocher, le laquais, les chevaux, les harnais, tout doit être à l'anglaise. Nos jeunes gens, depuis la perruque jusqu'à l'éperon, sous peine de déshonneur, doivent être à l'anglaise : les voir s'éreinter pour copier les postillons anglais (*grooms*), est vraiment un divertissement très-comique. L'air de contentement qui se manifeste sur leurs traits, si on fait semblant de les prendre pour des Anglais, est on ne sauroit plus curieux. Tantôt affublés de grosses capotes à quintuples collets, convenables dans un pays humide et très-pluvieux, pour des gens destinés à rester toute une journée sur un siége de voiture à Londres, on voit nos jeunes gens, à Paris, sous un ciel tempéré, se promener gravement aux Champs-Elysées ou aux Tuileries, quelquefois même par un beau soleil. Ils étouffent de chaud sous ces abris du nord ; mais n'importe, c'est à l'anglaise ; il n'y a rien à répondre.

Puisqu'il règne une épidémie anglomanique, si la mode de s'anglomaniser portoit au jugement et à la réflexion, encore passe. On retireroit au moins quelque profit de cette similitude.

Une autre perfection que les petits-maîtres de Madrid n'ont pas encore acquise, c'est la danse, objet essentiel et pour ainsi dire principal de l'éducation de la jeunesse parisienne.

Je fus invité, l'hiver dernier, à plusieurs bals, où je trouvai réuni tout ce qui compose depuis très-long-temps ce qu'on appelle la bonne compagnie. Un de ces bals entr'autres me frappa par le nombre des personnes, et l'élégance de leur mise. Quoique l'assemblée fût nombreuse, la maîtresse de la maison faisoit les honneurs de chez elle avec cette aisance qui prouve l'habitude du grand monde. Je trouvai dans ses manières cette grace, cette politesse et cette prévenance aimable qui caractérisoit le Français d'autrefois, et le faisoit rechercher dans les pays étrangers. En la suivant dans toutes ses attentions, je retrouvai l'original d'un tableau enlevé de France, et je dis : voilà donc un modèle.

Bientôt la foule me fit perdre cette femme de vue, et j'eus le loisir de porter toute mon attention sur les danses. Je fus frappé de la perfection où est porté cet art pure- ment d'agrément. Dans les pays étran- gers, si on voyoit sur le théâtre un ballet composé des personnes qui firent mon admi- ration, on accourroit de cinquante lieues à la ronde, et l'on croiroit avoir vu le *nec plus ultra* de l'art de danser. Je marquai mon éton- nement à un jeune homme auprès duquel je me trouvois. Après m'avoir considéré assez at- tentivement, comme si j'étois un habitant du Congo, il me dit que l'étude de la danse étoit une partie essentielle de l'éducation présente. Ce mot *étude* me frappa. Je savois bien qu'on étudioit les mathématiques, l'histoire, la litté- rature ; mais j'ignorois qu'on étudiât la danse ; j'ignorois que cet art fût devenu une science exacte qu'on étudiât. J'allois me permettre quelques réflexions, et demander des explica- tions à l'individu qui avoit la bonté de m'ins- truire, lorsque je vis qu'on se portoit en foule vers la salle principale ; aussitôt de m'informer de la cause qui produisoit un pa- reil événement : on me dit qu'on alloit danser la gavotte. — Je fus ravi de la noblesse et de la grace de la danseuse; mais en voyant les contours de bras, les mouvemens de tête, l'expression de visage, la perfection des pas du danseur, je ne doutai plus que la danse ne fût une étude, une science difficile même à acquérir. Je crus que Vestris, ou quelqu'autre danseur de l'Opéra, avoit été engagé par la maîtresse de la maison, à venir étonner les personnes qu'elle rassembloit chez elle; je le crus d'autant plus, que le danseur disparut dès qu'il eut fini sa gavotte. Mais quelle fut ma surprise lorsque je sus que ce jeune homme étoit membre de la société, et fait sous tous les rapports pour y jouer un rôle!—Mais quel rôle intéressant pour la société en général, peuvent jouer par la suite des jeunes gens dont la principale occupation est la danse? Je doute qu'ils trouvent dans cette étude, la base des connoissances nécessaires à un homme d'état, à un militaire, à un homme de lettres, à un homme enfin qui veut être utile à son pays.

Une chose encore me frappa au moins autant que l'étude de la danse. J'entendis des jeunes gens se demander : Où soupe-t-on demain ? Où soupe-t-on tel ou tel jour qu'on désignoit ? Un d'entr'eux répondit : Il y aura soirée chez madame ***; mais il n'y a pas de souper. Les visages s'alongoient, et ne se déridoient que lorsqu'on annonçoit un souper. — Je savois bien qu'on alloit chez un restaurateur pour manger; mais j'ignorois que l'agrément et l'amabilité d'une société dépendissent du talent du cuisinier : j'avois cependant déjà remarqué dans différentes maisons, que le souper étoit le moment intéressant, et que les jeunes gens , uniquement occupés de leur estomac, abandonnoient les femmes pour faire le sac de la table qui leur étoit destinée.

J'eus peine à me persuader que la galanterie française fût déchue à ce point: la galanterie espagnole n'y est point encore arrivée.

MULES.

J'ai dit qu'il entroit par an vingt mille mules en Espagne. C'est le Poitou et le Rouergue qui sont en possession de fournir à cette importation. Ces mules ne peuvent cependant pas être comparées pour la beauté à celles d'Andalousie, qui composent les attelages de la famille royale. On sera peut-être étonné que dans un pays renommé pour les chevaux, on ne se serve que de mules pour le trait. La raison en est, que le cheval espagnol, fin et léger, est excellent pour la selle, mais qu'il est trop petit et trop peu corsé pour le tirage. Le Roi et les particuliers ne se servent de chevaux pour leurs voitures que les jours de cérémonies; et l'on ne voit pas sans quelque peine des équipages attelés de ces animaux, qui ne sont propres qu'au manége et à la guerre. — On ne concevra que difficilement, quand on n'en a pas été témoin, que le Roi fasse le trajet d'Aranjuez à Madrid, qui est de sept lieues d'Espagne de quatre milles chaque, en une heure et demie. Il ne met jamais plus de trois heures à trois heures et demie pour se rendre de Madrid à Saint-Ildephonse, et il y a quatorze lieues, et la montagne de Gua-rama à passer. Les Gardes-du-Corps qui l'accompagnent ne peuvent suivre qu'une lieue, malgré la vitesse de leurs chevaux; des piquets sont établis en conséquence sur la route.

On ne voyage en Espagne qu'avec des mules. Les personnes qui veulent faire un voyage promptement, et qui ne veulent pas prendre la poste à cheval, prennent une mule d'allure (*un macho de paso.*) Ils sont as-surés de faire dix-huit lieues par jour; ils sont accompagnés d'un valet, (*mozo*), lequel est toujours en avant de l'animal. On ne sait lequel étonne le plus du mulet ou du pédestre valet. Veut-on voyager en voiture et avec vitesse ? On loue ce qu'on appelle un *coche de colleras*, qui est une voiture assez com-mode, à quatre places, attelée de six ou sept mules. Le voiturier place ses relais, et à grands frais on va aussi vite qu'en poste en France, ne courant pas la nuit. Si on n'est pas pressé, on gagne à petites journées de douze à quatorze lieues, le point pour lequel on se destine. L'étranger qui débute en Espagne tremble de se voir livré à six animaux fougueux, qui n'ont de frein que le commandement de celui qui les dirige. Abandonnées pour ainsi dire à elles-mêmes, le long d'un grand chemin, entre deux fossés, ces mules sont lancées au grand trot dans la plaine, et dans les descentes au galop; elles obéissent aveuglément aux inflexions de voix du cocher (*mayoral*), lequel assis sur les planches de l'avant-train, qui sont rembourrées des couvertures des mules, commande despotiquement ses subordonnées. Il a pour lieutenant un homme qu'on nomme *zagal*: ses fonctions consistent à aller corriger la mule qui s'abandonne à la paresse, ou qui donne quelque signe d'insubordination, en étant rebelle à l'injonction que lui a fait le *mayoral*. Trottant à côté des mules, le *zagal* les anime du fouet et de la voix, et se replace à côté de son chef dès que l'allure est déterminée. En arrivant dans les villes, il se met entre les deux mules de devant, les tenant de chaque main, et traverse ainsi, au grand trot, les rues qui conduisent à l'auberge (*posada*). C'est dans la hiérarchie militaire qu'on a été prendre le nom des mules des *colleras*. Dans un attelage de quatre mules, on est assuré de trouver une *générala*, une *coronéla*, une *capitana* et une *comisaria*.

Des affaires vous appellent-elles au nord-ouest de l'Espagne; veut-on se rendre à la Corogne ou à Saint-Yago, et craint-on les dépenses de la poste à cheval ou du cocher des *colleras?* on s'arrange avec un *maragatto:* c'est ainsi que s'appellent ces honnêtes habitans du canton d'Astorga, capitale de la Galice. Ils sont en possession du transport des marchandises des ports de cette province à la capitale, *et vice versâ* : ils ne vont jamais sur d'autres routes. Formant un peuple séparé du reste de l'Espagne, au centre des montagnes de Galice, ils ne s'allient qu'entre eux. La loyauté est une de leurs vertus; il n'y a pas d'exemple d'un abus de confiance de leur part. Leur costume est singulier. De grosses guêtres, une large culotte de bure, une soubre-veste en cuir; une ceinture aussi en cuir par-dessus la soubre-veste, à laquelle ceinture est attaché, à un long cordon, un couteau sans gaine; une gaule derrière le dos, passée entre la ceinture et la soubre-veste, un chapeau cla-

baud qui couvre les épaules; voilà toute l'élégance de ces bons montagnards. La simplicité,
la candeur, la bonne foi, l'hospitalité, ces
vertus du premier âge, détruites par ce que
nous avons appelé civilisation, se sont réfugiées
dans ces montagnes, dont le sommet est
couvert de neige, tandis que vers la mi-dé-
cembre, les vallons sont tapissés d'une verdure printanière, et que les arbres en bou-
tons offrent l'aspect d'un développement pro-
chain. Les mœurs y sont pures. Sous un tel
climat, dans un tel pays, comment ne pas
être vertueux? comment ne pas être heureux? — Vous, habitans de Paris, vous, habitans des grandes villes, vous qui ne cher-
chez que des plaisirs, qui courez sans cesse
après le bonheur sans jamais le trouver,
quittez vos palais somptueux, renoncez à
vos bals, à vos spectacles, à vos divertis-
semens sans nombre, où vous ne trouvez
que l'ennui et le dépérissement de votre
santé; allez vous mêler à ces êtres étrangers à
la duplicité, à la politique, chez lesquels aucune gazette n'arrive, qui ignorent encore que
la France a été bouleversée : alors vous trou-
verez ce bonheur réel, cette félicité inté-

rieure, cette sérénité qui provient du contentement de soi-même : vos jouissances seront en vous, autour de vous; elles seront de tous les jours, de tous les momens. — Votre femme !! vos enfans !! — Ah ! que voulez-vous de plus ? Vous vous coucherez à huit heures du soir; vous vous rappellerez les premiers jours, que c'est l'heure de l'Opéra. Vous vous leverez avec le soleil, et souvent votre mémoire vous dira qu'à Paris c'étoit l'heure de votre coucher. — Votre journée sera remplie par les occupations de votre ménage, celles de la gestion de votre propriété. Vous ne vous occuperez plus de mademoiselle Georges, ni de mademoiselle Duchesnois; Véstris et Duport vous seront indifférens, et vous finirez par regretter les jours que vous avez enlevés à un bonheur qui vous étoit inconnu.

Mais c'est trop s'égarer du chemin de la Corogne; revenons à notre valet *maragatto* (car le maître ne quitte que rarement son domicile, dès qu'il a pu réunir six à huit mules à mettre sur les chemins), conduisant lentement (*sa requa*) la file de mules attachées à la queue l'une de l'autre, ayant en tête la mule conductrice, qui est distinguée par une cloche qu'on lui attache au cou. Ces valets sont payés à raison du nombre des mules qu'ils conduisent, depuis trente jusqu'à cinquante piastres par an. Ils sont habillés, et on leur passe sept réaux par jour de nourriture. Chaque mule porte de trois cents à trois cent cinquante pesant. Le voyageur qui ne veut pas prendre une mule sans charge, est posé en dessus des ballots, et s'achemine au pas lent et régulier de son convoi, qui dans les grandes journées fait neuf lieues, en marchant depuis quatre heures du matin jusqu'à la nuit tombante. Cette position par-dessus des marchandises, est effrayante, et même dangereuse. Les chemins de traverse que tiennent ces convois, sont étroits et mauvais dans les montagnes. Pour éviter les mauvais pas, les mules sont dans l'habitude de gagner les bords du chemin, et toujours du côté du précipice. Ainsi suspendu, le voyageur doit confier ses jours à sa monture, qu'il ne peut diriger à sa volonté, n'ayant pas de bride. Sa vie tient à une négligence, à un faux-pas de sa mule ; une chute le feroit rouler souvent de trois cents

pieds de haut : mais il ne doit rien craindre ;
il y a peu d'exemples d'accidens arrivés dans
ces voyages. C'est dans les mauvais pas que se
déploient toute la dextérité, toute l'adresse
de ces animaux, marchant, sans broncher,
sur des pierres roulantes, à travers les rochers
souvent en escalier. Le voyageur qui veut
mettre plus de luxe dans son voyage, prend
une mule de la *requa* sans charge. S'il n'a
pas de selle, il s'assied en travers sur le bât,
et il peut marcher à volonté ; mais il doit toujours s'en rapporter à sa monture dans les
mauvais pas, car elle n'a pas plus de bride
que celles qui sont en file ; une corde qui fait
licol, voilà toute la ressource de l'écuyer. Du
reste, qu'il s'arme de patience ; s'il aime la
lecture, qu'il fasse provision de livres ; s'il est
dessinateur, qu'il porte ses crayons : le mouvement de sa bête ne l'empêchera ni de lire,
ni même de prendre le croquis des sites pittoresques qu'il rencontre à chaque pas dans les
montagnes de la Galice ; la lenteur de la
marche lui donnera le temps de les saisir.
Mais sur-tout qu'il ne craigne pas les lits durs,
qu'il soit habitué à coucher sur la paille, elle
sera souvent son unique ressource dans sa tra-

versée de treize jours de la Corogne à Madrid ; qu'il fasse provision d'un jambon, qu'il porte du vin dans son outre (espèce de bouteille en peau), car il dînera souvent en plain champ, sous un arbre : point de halte connue des conducteurs. Les *posadas*, dans cette route de traverse en Galice, sont toutes sur le même modèle : un terrain de grandeur plus ou moins considérable, entouré de quatre murailles sans fenêtres, surmonté d'un toit en chaume : au milieu de cette vaste salle, est l'âtre entouré de bancs ; c'est là que se fait la cuisine, mais cette cuisine ne sera jamais chantée par M. Grimod de la Reignière, quoique pour être servi chaud, la table soit attenante au banc qui entoure le feu. La fumée s'échappe par où elle peut, car il n'y a point d'ouverture qui lui soit destinée. Les bœufs, les cochons, les moutons, les mules et les hommes vivent en commun dans ces hôtelleries. Les quatre côtés sont destinés à chaque espèce différente : les hommes, par égard pour leur prééminence, sont au-dessus des quadrupèdes, du côté des mules, dont ils ne sont séparés que par un mauvais plancher. Là ils trouvent des lits pour les voyageurs distingués,

et

et de la paille pour les *mozos*. C'est un véritable tableau des caravanes traversant les déserts de l'Afrique. Les quinquets sont incon-
nus en Galice; la chandelle même n'a pas
pénétré dans ces auberges. Le voyageur qui
veut y voir clair pour manger ou se coucher,
doit se munir en conséquence; faute de quoi
il soupera à la lueur du foyer, et il se désha-
billera, s'il en a le courage, à la clarté d'un
brandon de paille qu'on entretiendra jusqu'à
ce qu'il soit dans son lit. Comme cette illumi-
nation lui est destinée, les débris en seront
jetés négligemment à côté de lui : mais qu'il
se tranquillise, il ne sera pas brûlé vif; il n'y
a pas encore d'exemple de tels accidens.
On doit remarquer que je ne parle en ce
moment que des auberges de la route de traverse en Galice.

Au reste, on trouve toujours à manger
dans ces retraites nocturnes. La plus mal
pourvue que je rencontrai à mon premier
voyage de la Corogne à Madrid, fut dans
un village nommé Coral, seconde couchée;
j'y trouvai de la graisse et deux poules. Le
lendemain il me fut impossible de trouver de
la viande de boucherie à la ville de Lugo,

Q

où j'arrivai pour diner : il étoit trop tard, midi venoit de sonner. Du pain, on en trouve partout. Les vivres sont à fort bon marché dans ce pays: une charge de poisson se vend une piecette (vingt sous), une perdrix un réal (cinq sous), un lièvre une demi-pie-cette (dix sous) , le reste à proportion. Somme totale, peu de voyages se font à aussi bas prix que celui dont je viens de par-ler. Le louage d'une mule me coûta seize piastres à mon premier voyage. Au second que je fis sur la même route , mais en partant de Madrid pour aller à la Corogne, je payai cent douze livres pour le louage de la mule, le port d'un gros porte-manteau, la nourri-ture et le logement pendant toute la route.

- Dans les autres parties de l'Espagne, on peut aussi voyager à dos de mule de cette même manière; mais les *arriéros* ne valent pas les *maragatos.*

REFRESCOS.

En Espagne, il n'y a de rassemblement de société qu'à certaines époques de l'année, le jour de la fête, celui de la naissance des maîtres de la maison, le jour du mariage de l'aîné (*mayorasgo*). Ces jours sont célébrés, non par un dîner, comme en France, mais par un goûter nommé *refresco*. Les jours ordinaires, les affidés (*tertulianos*) à chaque société, font le *refresco*, mais sans cérémonie. On se contente de chocolat et de l'eau avec des *espongados*. (Espèce de pain en sucre très-léger, et qui se fond en le plongeant dans l'eau : ce pain est parfumé au citron, vanille ou bergamotte.) Les jours de gala, qui sont ceux ci-dessus désignés, c'est chose différente. Tous les parens et conviés se rendent à la nuit tombante, chez la personne que l'on fête. Dans un salon très-décoré et bien illuminé, les femmes se mettent d'un côté, les hommes de l'autre. Point de mé-lange, point de conversation générale : chacun dit son mot à l'oreille de son voisin. Après un court espace de temps dans cette situation, des valets de chambre, des laquais en grande livrée, arrivent processionnelle- ment, distribuant à chacun des conviés une assiette en argent. Tout le monde étant pourvu, les mêmes serviteurs reviennent, portant d'é- normes plateaux en argent, couverts de verres d'eau, d'espongados et de chocolat. Cette pre- mière offrande est généralement mal reçue ; on se réserve pour la seconde : les mêmes plateaux reparoissent donc, mais couverts de glaces, sorbets, et eaux glacées de toutes les espèces, comme limonade, orangeades, etc., etc.; des confitures, des biscuits, des gâteaux. Cette distribution dure plus que la première, chaque plateau s'arrêtant devant chaque indi- vidu, qui ne quitte pas sa place afin d'éviter la confusion; et comme dans une si grande variété de friandises, il faut du temps pour choi- sir à son goût, cette seconde scène est longue. Une troisième s'ouvre ; mais c'est une répé- tition de la seconde : on veut contenter ceux qu'une glace n'auroit pas satisfaits. A la qua- trième, on ne présente que des corbeilles rem- plies de cornets en papier, de toutes dimensions : chaque convié s'en munit suivant ses projets. Enfin, à la cinquième scène, arrivent des plateaux, des corbeilles offrant aux amateurs une profusion de gâteaux, de bonbons, biscuits, de tout ce que l'imagination humaine a pu produire en sucreries. Chaque intéressé remplit ses cornets, quel qu'en soit le nombre, ordinairement calculé sur celui des personnes de connoissance, qui toutes doivent participer au *refresco*. Toutes les provisions étant faites, une dernière distribution est offerte ; mais ce n'est que pour la forme ; elle ressort intacte, et c'est pour être livrée aux valets, qui répètent dans les antichambres ce qui a été fait dans les salons ; ils prennent aussi leurs glaces, et remplissent de même leurs cornets. Pendant ce pillage de la livrée, la compagnie du salon s'est mêlée, et chacun se dédommage amplement de la contrainte silencieuse où il a été réduit tant qu'a duré le rafraîchissement. Une heure se passe ainsi, et chaque voiture emporte, avec son maître, les dépouilles de la fête. Le Parisien s'étonnera de ce qu'une réunion pareille se termine sans des danses ; il ira sans doute jusqu'à le trouver ridicule. Mais chaque pays diffère de mœurs et d'u-

3

sages ; et en Espagne, les gens de la bonne compagnie ne se glorifient pas de danser comme des danseurs de l'Opéra. Les Romains ne s'en glorifioient pas non plus. Parmi eux, il étoit honteux, même aux femmes, de savoir trop bien danser et chanter ; chez nous, on porte aux nues celles qui possèdent ces deux talens frivoles, qui ne se perfectionnent jamais qu'aux dépens des bonnes mœurs.

Lord Chesterfield trouve fort mauvais que l'on fête le jour de naissance, et que l'on copie les sujets du Grand-Mogol , qui se réjouissent de l'augmentation de la corpulence de leur souverain. Il est assuré que ce n'est pas l'amour-propre, encore moins la coquetterie qui a décidé qu'on célébreroit la progression de l'âge ; mais cette réunion de parenté et d'amis, à diverses époques de l'an et à certains événemens de la vie, est une institution qui me paroit parfaite pour le maintien de l'ordre social. Je trouve les *refrescos* infiniment supérieurs en magnificence et en cordialité aux *routs* des Anglais, dont le mérite consiste à se heurter en silence dans des appartemens trop petits pour contenir la moitié des personnes invitées. Le but est le même; mais le mode bien différent et moins agréable.

LE GÉNÉRALISSIME.

DON Manuel de Godoy, créé duc de la Alcudia, puis prince de la Paix, est d'une famille ancienne et illustre d'Estramadure. Dans le mois d'octobre 1792, il remplaça M. d'Aranda au ministère principal. —A une politique sourde, entortillée, succéda un système de loyauté et de franchise, qualités qui font la base du caractère du prince de la Paix. Prenant le timon des affaires dans des circonstances difficiles, quoique jeune, ce nouveau ministre sut naviguer sur une mer orageuse et remplie d'écueils; il dirigea le vaisseau de l'État avec cette sagesse, cette prudence qui, sous un ministre consommé, eût été envisagée comme le résultat de l'expérience et du talent : il sut maintenir la gloire de son souverain, et accroître au dedans la prospérité de son pays.

Le Roi a récompensé les services que ce prince a rendus à sa couronne, en l'admettant dans sa famille par le mariage qu'il lui a fait faire avec sa nièce, fille de feu l'Infant don Louis.

D'un extérieur agréable, à l'amabilité de société le prince de la Paix joint des qualités morales qui le rendent doublement appréciable. Affable, bon, compatissant et juste, le malheureux trouve en lui un appui, un consolateur; le mérite, un protecteur assuré. — Il a de grandes connoissances en littérature : les hommes de lettres sont admis chez lui, ordinairement pendant sa toilette; il se plaît dans leur société, et il est fait pour y occuper une place distinguée. Il protége publiquement les arts et les sciences. Il s'est aussi adonné à l'étude de l'art militaire; il ne lui manque que l'occasion pour prouver qu'il est digne du titre de *généralissime* que lui a accordé son souverain ; et il lui étoit réservé de rendre aux Espagnols l'enthousiasme de la chevalerie, qu'ils joindront à celui de la religion. Depuis que le prince de la Paix est revêtu de cet emploi éminent, l'armée a été réorganisée sur un pied pareil à celui des autres armées continentales; la paye du soldat a été augmentée, et tout tend à lui rendre le rang qu'elle a occupé d'une manière si brillante; et il arrivera sûrement une époque où le généralissime pourra faire la même réponse qu'Albuquerque aux ambassadeurs du souverain de la Perse qui venaient lui demander un tribut. — Il fit apporter des boulets, des grenades et des sabres. « Voilà , » leur dit-il, la monnoie des tributs que paie » le roi de Portugal. »

On se doute bien que le prince de la Paix jouissant de la confiance entière de son souverain, doit avoir beaucoup d'envieux : c'est le sort ordinaire des hommes élevés en dignité, et particulièrement de ceux qui possèdent la confiance et l'estime du souverain. Des mécontens, il y en a peu : M. le prince de la Paix n'a ni morgue, ni orgueil ; il a de la dignité ; et s'il est comblé des faveurs de son Roi, c'est pour les répandre sur tous ceux qui méritent d'y participer. Quel témoignage plus flatteur peut recevoir un sujet de la confiance de son maître ! En ce moment de crise, en ce moment où la conduite du gouvernement anglais force l'Espagne à la guerre, S. M. C. remet les intérêts de ses peuples, remet la gloire de son trône entre les mains du prince de la Paix ; il lui cède son autorité, il l'investit de tout le pouvoir royal, il le charge de diriger la guerre, il l'autorise à dicter les conditions de paix. Tranquille sur les résultats d'une marque de confiance qui n'a pas d'exemples dans l'histoire des peuples, Charles IV sait qu'il est écrit dans le cœur du prince de la Paix, et en caractères ineffaçables : *Por amar al bien amo la paz , mas no admito ley que ofenda a mi Rey.* (Par amour pour le bien, j'aime la paix ; mais je rejette toute loi qui offense mon Roi.)

Oui, prince, l'Espagne fidelle partage la juste confiance de son vertueux souverain ; le passé la rassure sur l'avenir ; elle applaudit aux mesures énergiques que vous avez ordonnées, et en les secondant, elle vous rend le dépositaire de son honneur et de sa gloire.

Le système du prince de la Paix paroit être d'écarter les étrangers. Philippe V amena des Français, Charles III des Italiens, et ces deux nations occupoient la majeure partie des places. Peut-on blâmer le Prince de vouloir remettre les emplois de son pays entre les mains des Espagnols? C'est un titre de plus à leur reconnoissance.

Généraux, Ministres.

Don Antonio Ricardos sut tirer parti du courage espagnol. A l'ouverture de la première campagne contre les Français, avec cinq mille hommes de troupes qui n'avoient pas combattu depuis long-temps, il s'empara de Bellegarde, après des efforts de bravoure prodigieux; il enleva toute la ligne des places et forts garnissant la frontière; il pénétra en Roussillon, et se fût emparé de Perpignan, s'il avoit eu assez d'hommes pour garder cette place, et fournir à l'armée en plaine. Il se contenta d'attaquer le camp retranché qui couvre Perpignan, pour faire diversion aux différentes opérations qu'entreprenoient ses généraux. La bataille de Trouillas sera à jamais mémorable ; elle lui valut pour récompense, le nom et le titre de marquis de Trouillas. Ce général peut être mis au nombre des bons généraux de ce siècle.

A la mort de don Antonio Ricardos, le comte de la Union eut le commandement de l'armée. *Tel brille au second rang, qui s'éclipse au premier.* Ses succès comme général divisionnaire, lui avoient acquis une réputation; général en chef, il fut malheureux, il périt sur le champ de bataille.

Don Joseph de Urrutia qui le remplaça, eut le talent de rétablir l'esprit de l'armée, découragée par les infortunes du comte de la Union. Il la réorganisa, arrêta les Français sur la Fluvia, et par des actions partielles, habitua de nouveau les Espagnols à des succès. La paix de Basle l'empêcha d'exécuter le vaste plan qu'il avoit conçu pour chasser l'armée française au-delà des Pyrénées. D'après la confiance qu'il avoit inspirée à ses soldats, l'ordre qu'il avoit rétabli dans l'armée, forte alors de soixante-dix mille hommes, on peut conjecturer qu'il auroit eu de grands succès, et qu'il ne s'en fût pas tenu à reconquérir le territoire envahi. — Don Joseph Urrutia avoit servi en Russie pendant la guerre de cette puissance contre les Turcs. Il s'étoit distingué à Ismaelow, et fut décoré de l'ordre de Sainte-Anne. Le Roi son maître récompensa ses services en Catalogne, en le nommant capitaine-général d'armée et directeur-général de l'artillerie. Ce général est mort en 1803.

Don Ventura Caro, général de l'armée de Navarre et de Biscaye, a déployé les plus grands talens dans la défense de la frontière qui lui fut confiée. D'une activité sans exemple, d'un courage allant jusqu'à la témérité, ce général étoit d'avis que pour se défendre, il falloit attaquer. Sortant fréquemment de ses lignes, il alloit attaquer les redoutes françaises, et après en avoir rasé plusieurs, il rentroit dans ses retranchemens. C'est ainsi qu'avec vingt-deux mille hommes, dont huit seulement de troupes de ligne, il défendit trente-deux lieues de frontière. L'enlèvement de Castel-Pignon, près Saint-Jean-Pied-de-Port, fera toujours honneur aux troupes espagnoles et à don Ventura Caro. Nommé capitaine-général du royaume de Valence, à l'époque de la révolte, en 1801, il y déploya cette énergie qui le caractérise, et la révolte fut apaisée. Retiré dans ses terres avec le grade de capitaine-général d'armée, il jouit du bonheur intérieur, fruit d'une conduite sans reproche.

Le marquis de la Romana, neveu du général Caro ; s'est distingué en Navarre et en Catalogne, par son courage et ses connoissances militaires.

Monsieur de Solano, fils de l'amiral marquis del Socorro, a développé une grande bravoure. Il est en ce moment gouverneur de Cadix.

Le comte de Fuentes s'étoit fait connoître dans la guerre contre la France. Dans la campagne contre le Portugal, en 1800, il a eu des succès à la tête d'une division de l'avant-poste.

Monsieur de Florida-Blanca ministre à l'époque de la révolution française, a eu plus de partisans que d'ennemis. Si on eût suivi ses plans, il eût, assure-t-on, épargné de grands crimes à la France.

M. de Langle affirme que M. d'Aranda étoit le seul homme dont la monarchie Espagnole pût s'enorgueillir. Son titre vis-à-vis de l'écrivain, est le projet, qu'il lui prête sans doute, « de vouloir faire graver sur le fron- » tispice de tous les temples, et réunir dans » le même écusson, les noms de Luther, de » Calvin, de Mahomet, de Guillaume Penn » et de Jésus-Christ. » — Charles IV sentit

le danger de laisser la direction de ses états
entre les mains d'un homme (non qui voulut confondre les noms de Mahomet et de
Jésus-Christ, c'est une calomnie à laquelle
on ne peut s'arrêter), mais qui avoit laissé
entrevoir des principes contraires à l'intérêt
de l'état : il fut exilé à Saragosse, où il mourut en 1796.

JOURS MALHEUREUX.

LE vendredi, assure M. de Langle, est en Espagne un jour de terreur. « Chacun le » redoute : il influe sur la santé, il détermine » la mort, il fait perdre les procès, il em- » pêche les vaisseaux du Roi de mettre à la » voile. » Je n'ai pas remarqué jusqu'à quel point les Espagnols se livroient à cette foiblesse ; mais s'ils en sont entachés, ils se trouvent au pair avec tous les peuples du monde, qui, du plus ou moins, se laissent aller à des superstitions funestes à leur tranquillité. Passons-les en revue.

En France, même à Paris, n'avons-nous pas nos terreurs, nos superstitions, nos roues de fortune, nos tireuses de cartes ? Que dirons-nous des scènes arrivées dernièrement rue Nazareth ? Combien de personnes des deux sexes qui craignent de se trouver treize à table, qui se trouveroient mal si on renversoit du sel sur la nappe, et mille autres absurdités de ce genre ?

En

En Angleterre, j'ai ouï-dire à des officiers de la marine qu'ils auroient de la peine à embarquer un cadavre : les matelots craindroient une navigation malheureuse.

Jackson rapporte (1) qu'un de ses amis revenant des Indes-Orientales, et trouvant qu'il y avoit plus d'inconvénient à se raser qu'à porter la barbe, préféra ce dernier parti; mais on ne lui permit pas long-temps de suivre son goût. Non-seulement les matelots, mais même le capitaine, se persuadèrent qu'il n'y avoit pas à espérer un bon vent tant qu'on laisseroit croître cette barbe sinistre. Ils prièrent le passager de se raser; et sur ses refus, ils se préparèrent à lui couper la barbe par force : c'en fut assez pour engager son ami à se mettre de bonne grace entre les mains du barbier. Le vent ne pouvant pas résister à un si puissant enchantement, remplit les voiles, et le vaisseau vogua heureusement.

(2) J'ai connu un magicien qui vendoit

---

(1) *Thirty letters on various subjects, by M. Jacson of Exeter.*

(2) *Wenderburn, view of England,* tom. II,

R

des talismans pour guérir des maladies. C'é-
toient de petits morceaux de papier sur lesquels on avoit écrit au rebours une ancienne
tradition apocryphe sur Jésus-Christ. Il suffi-
soit de la porter quelque temps pour guérir.

Quel individu se trouvant à Londres n'a
pas assisté aux exécutions de Tyburn ; n'a pas
vu des hommes et des femmes se porter avec
empressement à l'échafaud, pour se faire ap-
pliquer la main encore palpitante des pendus,
dans l'espoir d'être guéris de différentes espèces de maladies, particulièrement des
écrouelles (*king's evil*) ? — J'ai vu entre
autres une femme jeune et belle, qui, pâle
et mourante entre les bras du bourreau, fut
obligée de consentir que sous le mouchoir
dont sa gorge étoit couverte, on posât devant des milliers de spectateurs, la terrible
main d'un des suppliciés. Combien doit être
forte la superstition qui a assez d'empire
pour l'emporter sur tout ce qui peut révolter
à la fois, les sens et l'imagination, la délicatesse et la décence !

Malgré les efforts, les raisonnemens d'Ad-
dison, le peuple anglais est-il guéri de cette
superstition stupide qui le porte à craindre

les sorciers, les esprits, les apparitions ? Il n'est pas de peuple plus foible ni plus crédule en fait de sorciers.

Jacques Ier. n'a-t-il pas écrit pour soute-nir l'idée qu'un sorcier peut faire le voyage des Indes dans une coque d'œuf, ou un voyage de 3oo lieues à cheval sur une mouche, ou sur un manche à ballet ? Ne croit-on pas rêver en trouvant pareilles absurdités dans les croyances d'un peuple aussi civilisé que l'est le peuple anglais? Quand on lit Thomas Brown réfutant les erreurs vulgaires de sa nation, et qu'on interrompt cet ouvrage pour lire le rapport d'une séance du parlement, peut-on s'imaginer que ce soit chez le même peuple ?

En Ecosse ne croit-on pas aux spectres et aux revenans ? Néglige-t-on de surveiller les enfans nouveau-nés jusqu'à ce qu'ils soient bap-tisés, par la crainte des mauvais génies ? Les montagnards n'ont-ils pas un jour auquel ils ne commencent rien d'important ? ont-ils cessé de faire au premier mai le *Baal-Thinne*, sacrifice champêtre qui retrace les rites du paganisme, et dont l'objet est de préserver les troupeaux et les bergers de l'influence des mauvais génies et des déprédations des bêtes mal-faisantes? (Ce sacrifice consiste à allumer des feux dans certains temps de l'année, et à faire passer les bestiaux à travers la flamme.)

Plusieurs croyances et pratiques superstitieuses des Irlandais sont d'origine païenne. Ils ont aussi l'usage du *Baal-Thinne*. Ils font encore des pélerinages à des sanctuaires fameux; ils vont aussi visiter des eaux miraculeuses, et se traînent à genoux autour des puits (*holy well*), pour obtenir d'éprouver les effets salutaires de ces eaux.

(1) Dans le pays de Galles en Angleterre, on trouve une grande partie des superstitions des Ecossais. Dans les comtés les plus voisins de Londres, il y a presque partout la croyance des spectres et des revenans, et une foule de croyances superstitieuses. Apercevant un jour un fermier, homme aisé, et intelligent dans son état, qui regardoit avec attention un petit morceau de bois de sureau, je lui demandai ce qu'il faisoit de ce bâton. Il me répondit qu'il le portoit pour se préserver des chutes

______

(1) *Londres et les Anglais*, par Feri Constant, vol. 4, pag. 144.

de cheval ; il ajouta qu'il faisoit usage de ce secret depuis trente ans , et me conseilla de m'en servir aussi. Un autre fermier m'assura qu'ayant des cochons boiteux, il les guérissoit en leur perçant l'oreille et en y attachant un petit clou. Je ne rapporterai pas l'usage pratiqué, il y a quelques années (l'auteur écrit en 1804), dans un village de deux cents familles, peu éloigné de Londres , par les femmes en couche ; vous croiriez que je parle d'un village du pays des Hottentots.

Pour satisfaire la curiosité d'une partie de ses lecteurs, M. Feri relate en anglais et en note cette pratique, comme il suit : — « The » women in labour used to drink the urine » of their husband who were all the while » stationed as the cows and straining them- » selves to give as much as they could ». (*Voyez* Sylva or the wood.)

Concluons avec M. Feri Constant, qui n'est pas non plus exempt de quelques principes du dix-huitième siècle (1), que les peuples les plus civilisés ne sont pas exempts de superstition ; que personne n'a le droit de mé-

---

(1) *Londres et les Anglais* , vol. 4 , pag. 147.

priser ni de haïr son semblable à cause des
erreurs superstitieuses, et que le devoir des
gouvernemens sages , comme des hommes
éclairés , est de travailler à prévenir les effets
de cette funeste maladie, qui est inséparable
de la foiblesse humaine.

Temples.

APRÈS avoir fait l'énumération des richesses de l'église Notre-Dame du Pilar à Saragosse, avoir donné le patriotique conseil de l'exploiter, ainsi que Notre-Dame de Lorette, et toutes les Madones du globe chrétien, M. de Langle nous propose une nouvelle religion. Ambitionnant de réunir son nom à ceux de Luther, Calvin, Larevellière-Lépeaux, il fonde à lui seul des dogmes, des rites, des statuts. Son temple sera tantôt dans une plaine, tantôt au pied d'un rocher : ne voulant pas fatiguer ses prosélytes, il ne les rassemble qu'une fois par mois pour prier, chanter, faire retentir l'air de leurs hymnes. « Les autres jours, dit-il, travaillons, occu-» pons-nous ; oublions pour ainsi dire l'exis-» tence de Dieu. »

Il voudroit que le mariage fût un contrat purement civil, qu'on pût renouveler ou rompre tous les ans, ainsi que cela se pratiquoit dans les beaux jours de la Convention.

Après avoir détruit tout culte divin , il voudroit encore éteindre toutes les sensations qui
émanent de l'ame. Ces doux noms d'époux
et de père, qui seuls suffisent au bonheur
d'un être vertueux, n'auroient donc plus de
sens ? Ces chastes embrassemens de deux
époux , ces larmes qui partent du cœur et
qui attestent souvent la parfaite félicité, n'auroient donc plus de charmes? — Vous n'avez
donc jamais aimé, vous n'avez donc jamais
tressailli à ce doux aveu : Je vous aime !
— Que vous êtes à plaindre , M. de Langle !

Oublier l'existence de Dieu, voilà le but
auquel vise ce nouveau sectaire. — Oublier
qu'il est un Dieu, tandis que tout nous le
prouve, nous le rappelle à chaque instant de
notre existence!! — Si ce Dieu dont vous
voulez oublier l'existence, et dont cependant
quelques pages plus loin, celle de votre blasphème, vous invoquez la bonté et la puissance, pour qu'il permette à cette K*** que
vous regrettez encore, de sortir du tombeau,
de rester deux heures avec vous , le temps
seulement de la voir, de l'embrasser : que
diriez-vous si écoutant votre prière, il lui
permettoit de sortir du sein des ombres , et

que dans le silence imposant des nuits, au
moment où vous avez quitté la plume, achevé
la phrase où vous attestez votre desir d'oublier ce Dieu tout-puissant, elle vous appa-
roissoit couverte des mêmes linceuls dans lesquels vous l'ensevelîtes ; si, d'une voix dont le
son ne vous seroit pas inconnu, elle vous
disoit : — Par vos discours, par votre exemple, vous m'avez fait méconnoître ce Dieu
dont la puissance pèse sur moi ; par vos
erreurs, par ma foiblesse, vous m'avez plongée
dans cet abyme de souffrances éternelles, vous
m'avez privée du bonheur ineffable de voir ce
Dieu dont la colère eût été apaisée par un
instant de repentir. — Vous n'avez plus que
quelques minutes à passer dans ce séjour ter-
restre : de l'emploi que vous en ferez, dé-
pendra votre sort pour l'éternité. — Dispa-
roissant alors, si elle vous laissoit à vos réflexions, dites-nous, monsieur de Langle,
iriez-vous dans la plaine, au pied du rocher,
ou bien au confessionnal ?

CARACTÈRE DES ESPAGNOLS.

Il n'est aucun doute que le climat n'influe sur le caractère des peuples ; mais en dériver l'origine des tempéramens sérieux et mélancoliques, est une erreur prouvée par des faits que tout individu est à portée de vérifier. Le climat d'Angleterre est brumeux, sombre, humide. C'est, suivant nous, le principe du *spléen*, de la taciturnité anglaise : mais le climat d'Espagne, celui de Turquie est léger ; le ciel est pur, le soleil brillant devroit porter à la gaieté ; l'Espagnol et le Turc cependant sont taciturnes, tristes et pensifs. Le climat de la Suède, de Pétersbourg est brumeux, froid et humide ; les Suédois, les Russes sont cependant aussi gais que les Français.

Il est prouvé que la grande civilisation des hommes, loin de faciliter le développement des grands caractères, les restreint dans les bornes de l'uniformité des usages. Les passions sont masquées par les formes et les manières trompeuses que l'on qualifie des dénominations, honnêteté, bon ton ; les habitans des villes perdent généralement en énergie , en proportion de ce qu'ils gagnent en civilisation. Les habitans des campagnes, les montagnards sur-tout qui ont des mœurs dures, rustiques, ont plus de franchise et de caractère. Dans les villes les ressorts de l'ame perdent leur mouvement , se rouillent et finissent par n'avoir plus ni jeux, ni moyens. Le cardinal de Richelieu étoit tellement imbu de cette vérité, que ministre plus que gentilhomme, il sacrifia la noblesse à son souverain : en détruisant les restes du régime féodal, en amenant les grands vassaux à la cour , le cardinal détruisit un abus pour en créer un plus grand encore ; car en augmentant le pouvoir royal, il en prépara la ruine. La corruption s'empara des grands vassaux, et, transformés en courtisans vils et efféminés, à la noble franchise de leurs ancêtres dont ils n'étoient pas même l'ombre , ils substituèrent la basse adulation, et à leur énergique courage, la honteuse lâcheté.

Mais je reviens au caractère des Espagnols. Quel peuple en Europe, dans le monde connu, a l'imagination plus ardente, l'esprit plus vif, plus pénétrant ? Quel peuple plus enflammé dans ses affections, plus enthousiaste, et plus constant dans ses entreprises? Il n'est aucun obstacle qui le rebute : s'en présente-t-il ? il l'envisage de sang froid, il le surmonte par la patience. — La forteresse de San-Fernando, communément appelée Figueras, étoit dominée par trois montagnes, dont deux à portée de canon, la troisième à portée de la bombe. Si Figueras eût appartenu aux Français ou à toute autre nation, on auroit décidé, sans doute, de fortifier ces trois montagnes, qui eussent alors défendu l'approche de la forteresse. — Les Espagnols trouvèrent plus simple de raser ces montagnes : deux sont déjà sous le feu de la place, et on travaille à niveler la troisième. — Le gouvernement a décidé de faire un port à Taragone, ville de Catalogne. Taragone est située au centre d'une baie qui forme un demi-cercle. Des rochers à pic bordent la mer dans cette partie. Aucune langue de terre ne favorisoit la formation du port ; il fut décidé d'empiéter sur la mer ; en conséquence, on fit jouer la mine, et au moyen d'un rocher qu'on a pour ainsi dire transporté, on a formé une jetée qui a déjà 2,000 toises en ligne droite, et à l'abri de laquelle des vaisseaux de guerre ont déjà hiverné sans éprouver d'avarie. On veut encore gagner 1400 toises, et par le travail constant de 700 galériens, on confectionnera sous peu un ouvrage, qui seul feroit la gloire d'un siècle. Mais Taragone est en Espagne, et l'Espagnol qui vise toujours à l'utile, travaille sans ostentation, et fait peu de cas de cette fumée légère appelée vanité. Il ne publie pas des merveilles, ainsi que d'autres peuples, avant de les avoir même entreprises : l'utilité seule les fait connoître lorqu'elles sont achevées. — On estime que par le travail des 700 galériens, on gagne trois pieds par jour sur la mer.

Ce qui est digne de remarque dans le caractère de l'Espagnol, c'est que ce peuple qui porte la passion à un excès de fureur, est, pour le commerce des femmes, franc et confiant. L'Espagnol a le caractère mâle et courageux ; il parle à son prince avec respect, mais avec une aisance qui tient à la vraie dignité de l'homme, dignité dont il est pénétré et que les étrangers confondent avec l'orgueil.

L'Espagnol a de la fierté ; mais cette fierté ne le porte pas à la hauteur ni à l'insolence. Il n'est pas démonstratif, mais il est sincère ; il ne grimace pas une politesse, mais son cœur

parle quand il témoigne de la bienveillance:
Il est compatissant et bon, il ne met aucune
ostentation à faire le bien.

On accuse les Espagnols d'être graves : c'est
pour les Français un grand défaut ; car d'après
un moraliste du jour , « les folies et les vices
» sont les élémens nécessaires à l'existence des
» grandes villes. La raison leur est aussi per-
» nicieuse, et la sagesse les désoleroit presque
» autant que la peste. » Remarquons-le cependant, la gravité est le type des nations et
des personnes qui pensent et qui ont de la dignité ; mais cette gravité n'exclut pas la gaieté :
les personnes qui ont vu danser le *fandango*
ou le *boléro* , ont dû trouver que cette nation
n'est pas toujours grave. Parler, est chez le
Français un besoin impérieux : c'est un préjugé
d'amour-propre et de bon ton ; se taire est
hauteur ou manque d'esprit. L'amabilité d'un
homme en société est calculée sur la quantité
de mots qu'il prononce : les idées suivies sont
lourdes ; une matière approfondie est un entretien pesant. Dans un quart-d'heure de visite, un Français, un Parisien sur-tout, doit,
s'il veut acquérir la réputation d'homme aimable, passer en revue toutes les nouvelles

du jour, depuis la politique jusqu'aux modes ;
développer le système des cabinets, en prévoir
les conséquences , analyser les ouvrages nouveaux, rendre compte d'un combat si l'on est
en temps de guerre, mais sur-tout ne pas oublier l'ariette de mademoiselle Rolandeau , ni
mademoiselle Georges ou mademoiselle Duchesnois. Alors c'est un homme charmant ;
c'est un homme accompli. L'Espagnol , fleg-
matique , calcule, et parle à tête reposée. Il
s'occupe sans vivacité, mais avec constance,
du plan qu'il a conçu ; aussi finit-il ce que le
Français ne fait qu'ébaucher. L'Espagnol ne
fait pas toujours de grandes choses, mais il
n'en fait jamais d'inutiles. Silencieux par caractère, concentrant ses idées, il acquiert plus
de netteté dans la pensée, plus de précision
dans l'expression. Il faut quatre phrases françaises pour rendre l'idée qu'un Espagnol dé-
veloppe en une. On pourroit dire qu'un Espagnol a plus pensé en un an, qu'un Français
dans toute sa vie.

On dit assez généralement : l'Espagnol est
paresseux. — Cela a été dit, cela se répète,
et c'est suffisant pour établir une croyance.
Sur quoi est-elle fondée cette croyance ? sur

le peu d'activité que l'on remarque parmi les Castillans. Qu'on aille en Galice, et l'on apprendra que chaque année soixante mille Galiciens sortent de leur pays, et s'étendent jusqu'en Andalousie. Ils partent au mois de mai et retournent au mois de septembre : les uns rapportent 60, 80, jusqu'à 100 livres. Trente mille vont aussi chaque année faire les moissons et la vendange en Portugal. Ils rapportent chez eux le prix de leur labeur. Leur contrée s'enrichit de leur industrieuse émigration périodique. — Qu'on visite la Biscaye, la Navarre, l'Aragon, la Catalogne, le royaume de Valence, l'Andalousie, en général toutes les provinces montagneuses de l'Espagne, toutes celles confinées par la mer, et qu'ensuite on accuse de fainéantise et d'indolence ces peuples actifs. Le Castillan est nonchalant; son caractère national est l'*otium cum dignitate*; mais la Castille n'est qu'une entre beaucoup : la partie ne peut pas être prise pour le tout, quand on veut être juste et impartial. L'Espagnol aborigène est actif et propre au travail et à l'agriculture. Je conviendrai que l'Espagnol qui descend des Visigoths n'a point cette ardeur

au

au travail qui caractérise l'Espagnol véritable. Le Castillan est paresseux, il est vrai ; mais cette paresse tient peut-être à un amour pour un usage ancien : amour ridicule, puisqu'il est préjudiciable au bien de la société. Depuis une progression de temps immémorial, les travaux les plus pénibles, ceux de l'agriculture, sont en Castille confiés à ce sexe destiné par la nature au soulagement des peines physiques et morales de l'homme ; on voit les femmes, dans les champs, labourant, ensemençant les terres, tandis que les hommes, enveloppés dans leur manteau, s'accroupissent dans les places publiques (*tomando el sol*), prenant le soleil, ce qui fait leur unique occupation.

Pour encourager les femmes à ces travaux d'agriculture, les anciens Castillans avoient établi une distribution de prix, qui se faisoit chaque année, et où l'on couronnoit celles qui s'étoient distinguées par leurs travaux. Ils payoient ainsi, par l'amour-propre, des soins qui encourageoient leur indolence et leur paresse. Cette fête est abolie ; mais les Castillans sont toujours paresseux.

L'auteur célèbre des *Cartas Maruecas*, le

colonel don Joseph de Cadahalso , dans une
critique qu'il se permet sur ses compatriotes ,
dit : « Son muchos millones de hombres los
» que se levantan muy tarde, toman choco-
» late muy caliente , y agua muy fria ; se
» visten ; salen à la plaza ; ajustan un par de
» pollos ; oyen misa , vuelven à la plaza ; dan
» quatro paseos ; se informan en que estado
» se hallan los chismes y hablillas del lugar ;
» vuelven à casa ; comen muy despacio ; duer-
» men la siesta ; se levantan ; dan un pasea
» al campo ; vuelven à casa ; se refrescan ;
» van àla tertulia ; juegan la manilla ; vuelven
» à casa ; rezan ; cenan ; y se meten en la
» cama. » — (Ils sont nombreux et par
milliers les hommes qui se lèvent très-tard ,
prennent le chocolat très-chaud , et boivent
après de l'eau très-froide ; s'habillent , vont
au marché , achètent une paire de poulets ;
entendent la messe , retournent au marché ;
se promènent un moment , s'informent des
commérages de l'endroit, reviennent chez eux,
dînent très-lentement , dorment la sieste, se
lèvent , vont se promener dans les champs ,
reviennent chez eux , se rafraîchissent , vont
à la société , y jouent la manille , reviennent

chez eux, prient, soupent, et se mettent au lit).

Mais quel est le pays qui n'a pas aussi ses milliers d'oisifs, lesquels, à Paris, ont pour cabinet d'étude les Tuileries, les Champs-Elysées, le Palais-Royal; à Londres, *New-bond Street*, *Saint-James's*, *Picadilly*, dont la grande occupation du matin est un travail avec le bottier ou le tailleur; dont l'occupation du soir est, à Paris, le spectacle, Frascati, et la roulette; à Londres, la *Taverne*, *Drury-lane*, les mauvais lieux, ou le club. De ces trois genres d'oisiveté, la moins pernicieuse est sans doute l'Espagnole. S'avise-t-on de juger les Anglais et les Français d'après ces exemples particuliers? Dans tous les pays, il y a des gens qui consument leurs jours, occupés à des futilités, et qui tuent le temps du mieux qu'il leur est possible.

On dit l'Espagnol ignorant: il est, je crois, prouvé que l'Espagne a aussi sa liste d'érudits et de savans en tous genres. Quant au peuple espagnol, il est rare de rencontrer un individu de la plus basse extraction qui ne sache pas lire et écrire; et nous doutons qu'on pût citer parmi des gens choisis dans toute l'Espagne, une preuve d'ignorance aussi caractérisée que celle de ce députe à l'assemblée législative, lequel, dans un de ces mouvemens d'enthousiasme sur les moyens de prospérité de la France, sur ceux qu'elle offroit en compensation de la perte des colonies, s'écrioit avec emphase : « N'a- » vons nous pas les sucres d'Orléans? » Songe-t-on à taxer la nation française d'ignorance et de barbarie, parce que les gens du peuple sont effectivement d'une ignorance à laquelle on ne trouve rien à comparer dans les autres pays ? Si cet illustre législateur eût parlé en Espagne, il auroit pu dire, et avec raison: N'avons-nous pas les sucres de Malaga? — Peut-être les trois quarts des personnes qui liront ce volume, ignorent que sur le prolongement continental du pays qu'ils habitent, que sur la côte sud de l'Andalousie, qu'à Vélez-Malaga enfin, les cannes à sucre prospèrent, et donnent d'aussi beau et bon sucre que Saint-Domingue. — Je trouve dans Arthur-Young un trait qui vient à l'appui de l'opinion qu'on peut former sur l'ignorance française.

« (1) A Beziers je rencontrai un exemple

----

(1) *Voyage en France d'Arthur-Young*, vol. 1, pag. 44.

» d'ignorance chez un marchand français,
» bien mis, qu' me surprit. Il m'avoit étour-
» di d'une multitude de folles questions, et
» me demanda pour la troisième ou qua-
» trième fois de quel pays j'étois. Je lui ré-
» pondis que j'étois Chinois. — Combien y
» a-t-il d'ici à ce pays? Deux cents lieues,
» lui repliquai-je. — Deux cents lieues!
» Diable, c'est un grand chemin! — L'autre
» jour un Français me demanda, lorsque je lui
» eus dit que j'étois Anglais, si nous ..vens
» des arbres en Angleterre? je lui repliquai
» que nous en avions quelques-uns. Si nous
» avions des rivières? — oh! point du tout.—
» Ah! ma foi, c'est bien triste!!!»

Le major Dalrymple raconte dans son
Voyage en Espagne, un trait qui prouve la
prévenance, la complaisance recherchée du
peuple espagnol. Arrivant au village del Carpio,
il fut attiré devant la porte de sa *posada* par
la voix d'une jeune personne qui chantoit des
seguidillas (chansons libres), en s'accompagnant de la guitare. Les jeunes gens assem-
blés autour de la chanteuse, s'apercevant que
le voyageur écoutoit attentivement, lui proposèrent une chaise; et la musicienne lui de-

manda s'il comprenoit ce qu'on chantoit. Lui ayant répondu négativement, elle chercha à lui faire comprendre les couplets en les lui récitant sans musique.

J'ai dit au second chapitre que l'Espagnol avoit un esprit national aussi caractérisé que celui des Anglais. Pour exemple j'ai cité cet attachement qu'il a conservé pour ses coutumes et ses usages antiques. Une époque fatale à l'humanité nous a donné une preuve incontestable de ce que nous avançons. A cette époque où la cause de Dieu étoit jointe à celle des rois, l'enthousiasme fut général chez l'Espagnol pour seconder les vues de son souverain. — « (1) Au moment où la guerre fut » décidée, j'en ai été témoin (c'est M. Bour-» going qui parle), toute la nation, si l'on » en excepte les gens éclairés (cette restric-» tion est le bout de l'oreille), partageoit le » ressentiment de la cour. Les communautés » religieuses, les grands, les riches proprié-» taires, tous se firent un devoir de la secon-» der de tous leurs efforts. »

---

(1) *Tableau de l'Espagne moderne*, vol. 2, pag. 44.

Quarante mille moines s'offrirent pour prendre les armes, et se porter sur les frontières; la cour n'accepta point leur offre. Un curé Catalan se mit à la tête de ses paroissiens, et fit toute la guerre avec assez de distinction. — Plusieurs Grands sollicitèrent la permission de lever des corps à leurs frais. Les ducs de Média Céli et de l'Infantado furent les seuls qui obtinrent cette faveur. Ils firent publier dans leurs états (on appelle *estados* les terres des Grands) l'autorisation qu'ils venoient d'obtenir: ils n'admirent que les fils de propriétaires, et ils eurent à choisir. Le duc de l'Infantado forma trois bataillons, les équipa, les arma, leur donna les canons de bataille, et les paya jusqu'à la première revue qui fut passée par le Roi. Quoique ce régiment, à la tête duquel il a été blessé, ne soit pas resté dans sa famille, il a assuré, et il paye encore des pensions aux blessés, aux veuves, et aux parens des morts sur le champ de bataille.

Ne dois-je pas citer comme preuve caractéristique de l'esprit national, cette organisation des contrebandiers de la Sierra-Moréna, lesquels servirent toute la guerre dans l'armée de

4

Navarre? Ubeda, leur chef, apprenant que la guerre étoit déclarée contre la France, écrivit à don Ventura Caro, général de l'armée de Navarre, à qui il avoit sauvé la vie dans un voyage que fit don Ventura, alors colonel des dragons de Sagunte. En revenant du camp de Gibraltar à Madrid, don Ventura fut arrêté dans la Sierra-Moréna, par une bande de contrebandiers à la tête de laquelle étoit Ubeda. Le sang froid qu'il témoigna dans cette circonstance critique, plut tellement au chef des voleurs, qu'il lui donna une passe pour ne pas être inquiété sur sa route. Effectivement, don Ventura arriva sain et sauf à Madrid, et perdit de vue Ubeda et sa troupe. Dès qu'il reçut des offres de services de ces contrebandiers, il en fit part à la cour ; et sur la réponse, accepta leurs offres et leur envoya des passe-ports. Ubeda arriva à l'armée à la tête de trois cents contrebandiers, dont cent à cheval. Il ont fait la guerre avec bravoure. Le Roi a accordé à Ubeda le grade de lieutenant-colonel, et il jouit des prérogatives et des appointemens attachés à ce grade : la majeure partie de ces contrebandiers reprirent à la paix leur premier métier, ayant acquis des connoissances qui leur ont sans doute été utiles dans leurs nouvelles expéditions.

Qu'un Grand d'Espagne, qu'un homme jouissant de toutes les prérogatives accordées à sa naissance et à sa fortune, cherche par quelques sacrifices à conserver le rang qu'il doit à la forme de son gouvernement, cette conduite ne présente rien d'extraordinaire ; il peut y avoir de l'égoïsme dans son dévouement : mais des contrebandiers, des voleurs de grand chemin qui ne sont stimulés que par l'appât du pillage, auxquels la loi ne réserve que la potence pour prix de leur courage, abandonner volontairement leur brigandage, qui devient assuré en temps de guerre puisqu'on a moins de troupes à leur opposer ; aller combattre l'ennemi commun, sans nulle espérance, non de grandes récompenses, mais même de ce qui constitue le but primitif de leur organisation, le pillage ; il y a dans cette démarche un élan d'esprit national qui ne peut échapper à l'œil de l'observateur. — Dans le moment où l'Angleterre se lève en masse pour opposer une résistance imposante à un ennemi redoutable, il est permis de douter que les *higlswaymen* aient abandonné leur poste pour se porter à celui de défense de leur pays.

Dans la guerre de 1793, lorsque les Espagnols repoussés sur la Fluvia, craignirent pour la Catalogne, cette province fidelle quoique turbulente, venant d'éprouver un refus de la cour sur des réclamations qu'elle avoit faites, se leva en masse et à ses frais pour défendre son territoire. Les bourgeois de Barcelone gardoient cette place, où les républicains, suivant M. Bourgoing (1), « étoient » appelés par des vœux secrets comme des » libérateurs. » — Nous ignorons si l'événement malheureux de la Saint-Pierre est une des preuves des vœux secrets que l'ex-plénipotentiaire supposoit aux habitans de Barcelone. Cent trente-deux prisonniers français furent massacrés par le peuple, pour avoir représenté, sous les murs du quartier Saint-Augustin où ils étoient enfermés, le roi d'Espagne sous une guillotine. Ils avoient aussi planté un arbre de la liberté dans la cour du quartier, et se permettoient journel-

____

(1) *Tableau de l'Espagne moderne*, v. 3, p. 307.

lement des propos révolutionnaires. Tel fut le
résultat des menées des agens, que M. Bourgoing, dernier ministre à la cour d'Espagne
avant la déclaration de guerre contre la France,
avoue (1) « nos missionnaires. »

En ce moment où les trésors des Amériques manquent à S. M. C. pour soute-
nir la présente guerre, le généralissime a
fait un appel à l'esprit national des peuples
qu'il commande, de l'assentiment de son roi.
Dans les ports de mer, clergé, noblesse,
tiers-état se sont empressés de faire construire les chaloupes canonnières et d'autres
bâtimens nécessaires pour la défense des
côtes. Dans l'intérieur, on a jeté des
fonds considérables dans les caisses royales;
l'archevêque de Séville a souscrit pour 45,000
réaux par mois (15,000 liv.).

----

(1) *Tableau de l'Espagne moderne*, vol. 5,
pag. 306.

Paternité du Gouvernement espagnol.

Depuis que le trône d'Espagne est occupé par la dynastie régnante, ce royaume a éprouvé une révolution avantageuse pour les arts, les sciences et la prospérité de l'état. Les monumens publics, les institutions salutaires attestent la bienveillance d'un gouvernement qui s'occupe du bien de ses sujets. A grands frais le Roi entretient et fait voyager dans les pays étrangers des élèves, des hommes intelligens, qui vont puiser hors de chez eux le goût, les sciences particulières à chaque nation, et qui peuvent être comparés aux abeilles, revenant déposer au sein de la communauté les dépouilles des fleurs qu'elles ont mises à contribution. Des craintes politiques empêchèrent sans doute le gouvernement espagnol de profiter de la désorganisation de nos ateliers à l'époque de la révolution; les fabriques de soieries sur-tout auroient pu s'augmenter des débris de celles de Lyon : il ne falloit qu'accueillir les transfuges. Dans les temps ordinaires, le gouvernement n'épargne rien pour attirer dans ses états les étrangers utiles, qui peuvent lui présenter des moyens d'amélioration pour ses manufactures et ses fabriques. Ces moyens de séduction entrent, pour ainsi dire, dans le code du Droit des Nations. Pierre Ier, czar des Russies, porta la civilisation, les arts, les sciences dans l'empire qu'il fondoit, par le moyen des étrangers qu'il s'efforçoit d'y attirer. Louis XIV. appeloit dans son royaume les artistes, les savans qui paroissoient en Europe. Nous ne voyons pas que les rois d'Espagne soient répréhensibles de suivre ces deux exemples ; et le mot *débaucher* qu'emploie M. Bourgoing dans cette circonstance, est une critique d'autant plus déplacée, qu'en remontant à l'époque de l'établissement de la fabrique de draps de Guadalaxara, il auroit trouvé l'exemple de Pedro de la Serre, employé aux fabriques de Guadalaxara, lequel abandonna ladite fabrique pour passer en France, emmenant avec lui les teinturiers Coc, Bert, Moscin, Belet, Philippe Wort. Il est vrai qu'ils furent tous défrayés de leur voyage ; que la Serre eut une pension de 2,500 fr. et l'emploi de contrôleur. Ses compagnons furent répartis dans les différentes manufactures de France.

Lord Stanhope, ambassadeur d'Angleterre, voulant empêcher l'exécution des plans du baron de Riperda, engagea Michel Estableçon, directeur de la même fabrique, à passer en Angleterre. Il lui offrit 700 doublons, et tous les moyens d'établissement dans la Grande-Bretagne. Cet honnête Espagnol fut sourd aux séductions de Stanhope : il est vrai encore que dans l'année il fut assassiné dans Guadalaxara même.

Il n'est pas de gouvernement aussi paternel que le gouvernement Espagnol. Chaque sujet peut apporter au pied du trône, ses réclamations et ses demandes ; et il est assuré d'être accueilli. Le matin et le soir, en rentrant dans son palais, le Roi reçoit les placets ; il écoute ceux qui veulent lui parler. Le pauvre, le malheureux, l'individu de la classe la plus obscure approche le monarque, lequel, entouré de l'amour de ses sujets, est aussi en sûreté qu'au milieu de ses gardes. Le soldat puni

injustement, au lieu de s'excuser, répond : —
Je m'en plaindrai au Roi. — Qu'elle est sublime cette réponse ! Qu'elle est touchante
cette confiance du sujet dans la justice de son
souverain ! — Le soldat condamné à une peine
quelconque, qui trouve le moyen de s'échapper, ne passe point dans l'étranger, ne cherche pas à se cacher dans l'intérieur pour se
soustraire à la punition ; il va droit au Roi,
implore lui-même son pardon, et l'obtient toujours, à moins que son délit n'emporte peine
capitale ; alors elle est commuée.

Devant leurs Majestés, toute distinction dis-
paroît ; et tous les Espagnols, quels que soient
leur rang, classe, état, sont tutoyés par eux.
Le Grand de la première classe qui a la prérogative de se couvrir devant le Roi les jours
de grande cérémonie, le mendiant de la rue,
le général, le soldat, tous reçoivent le *tu* paternel ; et, comme le remarque M. Bourgoing,
les Grands, les personnes en place se croiroient
voisins de leur disgrace, si les personnes
royales, en leur parlant, leur accordoient ces
titres honorifiques, dont ils sont d'ailleurs si
jaloux.

Mais arrivons plus directement encore à ces

preuves utiles de paternité, qui parlent si fortement en faveur de la dynastie actuellement
régnante. Voyons chaque jour naître de nouvelles preuves d'humanité, de justice et d'amour
pour les peuples. Nous avons vu Philippe, conquérant en Espagne, donner l'élan à la progression des arts; Charles III, conquérant en
Italie, inspirant l'amour et la fidélité à une
nation qui ne connoissoit que le délire de la
séduction et de l'anarchie, relevant en Espagne l'armée, donnant un nouveau lustre à la
marine, réprimant les abus, embellissant la
capitale et les villes du royaume, ouvrant au
commerce de nouvelles communications par
mer et par terre, protégeant les arts, formant
l'éducation nationale, cherchant et récom-
pensant le mérite ; rompant les chaines qui
opprimoient le commerce des colonies avec la
métropole, et, semblable au soleil, répandant
sur ses vastes possessions la vie et la félicité.

Si nous jetons les yeux sur les travaux immenses qui ont pour objet la félicité publique,
nous verrons des chemins pratiqués dans l'intérieur, le jardin botanique s'élevant, le canal
d'Aragon creusé, la mendicité détruite par
les hospices; des sociétés patriotiques multi-
pliant

pliant avec elles l'application et l'industrie:

Aux idées de conquêtes ont succédé les idées tendantes à l'augmentation du commerce, des arts, de l'agriculture. Restaurer le commerce, les manufactures, les fabriques laissées dans la plus déplorable situation par la dynastie autrichienne, a été le premier soin de Philippe V. Les fabriques de *Ségovie*, de *Guadalaxara*, pour les draps fins; celles de *Escaray*, de *Bocairente*, d'*Onteniente*, d'*Alcoy*, de *Grazalema*, et celle de *Terassa* en Catalogne, pour les draps communs ; les fabriques de soie de *Valençe* qui occupent plus de quarante mille habitans employés à huit mille métiers, celles des galons, celles de chapeaux, etc. prouvent que le gouvernement n'a négligé aucune branche de commerce.

La compagnie de Caracas avoit éprouvé des désastres pendant la dernière guerre avec l'Angleterre ; pour la soulager, le gouvernement l'a dispensée des frais d'administration et de douanes, jusqu'à rétablissement de sa balance. Pendant la guerre avec la France qui a nécessité plusieurs levées extraordinaires d'hommes, la cour exempta du tirage les garçons employés aux fabriques de soie. Cette exemption maintint dans les ateliers de Valence près de trois mille personnes.—Charles III aimoit passionnément la chasse. Des milliers de daims et de cerfs dévastoient les environs des résidences royales ; les propriétaires des campagnes voisines souffroient avec cette soumission qui n'a d'exemple que parmi les Espagnols. On faisoit une battue générale par an ; mais c'étoit plutôt par divertissement que par vue utile : Charles IV monte sur le trône ; et une des premières marques de son autorité, est l'ordre de détruire ces animaux si préjudiciables aux récoltes. Des battues très-multipliées eurent lieu ; après avoir traqué autant de ces animaux que possible, on les faisoit passer devant des batteries chargées à mitraille : on ne les trouve plus que dans les parcs royaux ; et l'habitant des campagnes en voyant prospérer ses moissons, bénit le monarque qui a sacrifié son goût dominant au bien-être de ses sujets.

A la suite de ces actes de bonté, mettons ces monumens de bienfaisance, qu'on retrouve dans toutes les parties de l'Espagne, et qui sont autant de titres de reconnoissance envers ses Rois. A Madrid nous trouverons des fondations pieuses ; deux confréries dont les fonds faits par le Roi sont destinés à secourir les malheureux. Tous les jours, à nuit close ; et pour épargner cette fausse humiliation d'amour-propre qui rougit de la pauvreté, deux individus de ces confréries se promènent lentement dans les rues, frappant d'un bâton sur le pavé, pour avertir les personnes de leur arrondissement qui ont des malades nécessiteux dans leur maison. Des brancarts recouverts suivent ; et les malades sont emportés dans un des trois hôpitaux, qui reçoivent année commune plus de 22 mille malades. — Nous trouverons une maison d'Enfans trouvés ; un Mont-de-Piété qui fait des avances sans intérêts, aux nécessiteux qui fournissent caution. Ce Mont-de-Piété, depuis 1724 jusqu'en 1794, avoit dépensé plus de cent onze millions de réaux (27,750,000 liv. tournois).

Sortons de la capitale, et parcourons le royaume : nous serons arrêtés à chaque ville, par des preuves de la bienveillance, de la surveillance du gouvernement sur les intérêts de ces peuples. Nous verrons des écoles patriotiques entretenues aux frais du gouvernement, pour l'apprentissage des différens mé-

tiers qui occupent et font vivre la classe subal-
terne de la société; nous verrons des écoles pour
le commerce : nous rencontrerons des sociétés
autorisées et soutenues par le gouvernement,
et dont le but est de fomenter les arts, l'industrie dans toutes ses branches. Non-seulement dans les villes, mais dans les villages,
nous trouverons de ces écoles entretenues
par les aumônes des évêques et des chapitres.
Et voilà les aumônes bien distribuées, et
vraiment utiles. En secourant l'indigent, elles
lui procurent une occupation qui le détourne
des réflexions pénibles qu'il feroit sur son
état, et lui évitent des crimes, fruits de l'oisiveté, de la misère et du désespoir. Nous
remarquerons la *Casa de la Misericordia*,
de Saragosse. Sept cents jeunes gens des deux
sexes y trouvent la subsistance, et utilisent
leur existence. On les occupe à dévider de la
soie, à carder la laine; ils fabriquent des
étoffes grossières en laines, en camelots et en
soies. — Nous avons déjà parlé de la fabrique
de Guadalaxara ; mais nous avons oublié de
dire que cet établissement est le plus complet
qu'on puisse voir. Il ôte deux cent mille
livres sterlings de la balance du commerce

avec l'Angleterre, d'où l'on tiroit les serges. Près de quatre mille ouvriers y sont payés par le Roi, sans compter un plus grand nombre salariés et répandus dans la Manche et les Castilles, qui s'occupent à filer la laine destinée pour la fabrique. — A Saint-Idelphonse, le comte de Florida-Blanca, qui a supporté les anathèmes de la philosophie parce qu'il travailla à l'arrêter aux Pyrénées, proposa à Charles III d'embellir sa résidence d'été, d'une fabrique de toile, qui occuperoit les indigens de ce canton. Charles adopta cette idée avec enthousiasme, il s'agissoit d'un bienfait; et en deux ans, de 1781 à 1783, les pauvres disparurent; et vingt métiers, deux grandes machines à fouler et à laver, furent mis en activité. Cet établissement a acquis depuis une grande augmentation, et le bien en est sensible.

N'est-il pas digne d'éloges cet emploi que fit Charles IV, des fonds amassés par son prédécesseur, depuis la paix de 1783? au lieu de dépenser ces économies en objets de luxe, il les consacra à l'encouragement des sociétés patriotiques qui s'occupent du progrès des arts, de l'agriculture et de l'industrie. Il y ajouta une partie des fonds de la caisse des économats (*spolios ó vacantes*), dont le cinquième est employé à augmenter le fonds de ce Mont-de-Piété, qui sert à l'acquittement des pensions des veuves d'officiers, pensions proportionnées sur le grade de leurs maris.

Si nous voulons poursuivre l'énumération des bienfaits des Rois d'Espagne, voyons la marine. Sous Philippe IV, les Hollandais fournissoient à ce royaume des vaisseaux tous faits, avec les cordages; les Français fournissoient les voilures, les Allemands le cuivre, les Anglais le plomb et l'étaim, les Génois des galères. Philippe V paroît, et des Pyrénées, des montagnes des Asturies, descendent des bois de construction; le royaume de Grenade, l'Aragon, la Navarre fournissent le chanvre pour les cordages, le Mexique le cuivre pour le doublage; et en 1792, l'Espagne comptoit quatre-vingts vaisseaux de ligne, cinquante frégates, plusieurs chebecks et autres bâtimens de guerre.

Son commerce. — Trois compagnies ont été formées, celle des Gremios pour les relations avec le continent, celle des Philippines pour les possessions dans la mer des Indes,

celle de Caracas pour les possessions d'Amérique. Avant Philippe V, les étrangers portoient en Espagne les denrées de leurs propres
colonies ; depuis lui, la marine marchande
s'est considérablement accrue ; elle suffit aux
relations avec l'Amérique, les Indes et le
Levant ; et nous verrons bientôt sans doute le
pavillon espagnol flotter parmi celui des deux
puissances qui ont le commerce de Terre-
Neuve, ce qui ôtera de la balance avec l'Angleterre, près de trois millions de piastres
en faveur encore de cette puissance.

Charles III, convaincu que les ressources
les plus certaines de l'état, ses richesses, par
conséquent la base du pouvoir des princes,
étoient le produit de la terre, de cette mère
du monde dépositaire de toutes les richesses
propres à satisfaire les besoins physiques de
l'homme, les besoins que le luxe a créés, ins-
titua une société royale d'agriculture. Il la
composa de personnes moins connues par l'il-
lustration de leur nom que par leurs connoissances et leur mérite. Le célèbre Campomanès fut nommé le président de cette société royale ; et les nombreux mémoires qui
depuis l'époque de cet établissement ont été

mis au jour, nous prouvent que les personnes choisies se sont sérieusement · occupées des moyens de fomenter l'amour de cet art le plus utile à l'homme, art que les Romains divinisoient sous le nom de *Cérès Eleusine.* Ils célébroient religieusement les mystères secrets de cette déesse : et pour en sanctifier davantage le culte, ils n'admettoient à la célébration de la fête que les gens probes et dont la conscience étoit jugée à l'abri de tout reproche. Le grand-prêtre nommoit ceux qui pouvoient être admis; et les impurs étoient rejetés par ces mots de proscription : *Procul, procul esto, profani.* — Néron, l'infâme Néron, l'opprobre de tous les siècles, le tyran de celui dans lequel il vécut, ne put malgré tout son pouvoir, pénétrer dans ce temple des vertus : sa volonté despotique s'anéantit à la voix du scrutateur des consciences, lequel en présence de cet Empereur, en vue des haches des bourreaux qui formoient son cortége, eut le courage de prononcer : *Procul, procul esto, profani*; et par ces mots déshonorans lui interdit les mystères de Cérès. — Il est donc un sanctuaire impénétrable à l'autorité des hommes ! — Il est donc un lieu où les vertus seulement font titre d'admission!! — Titus, Marc-Aurèle, le pieux Antonin, ces empereurs idoles des Romains, reçurent l'hommage le plus flatteur de l'amour de leurs peuples. Ils furent admis aux mystères de Cérès Eleusine. — Quelle douce satisfaction, quel bonheur pour des souverains de régner dans le cœur de leurs sujets! Ces empereurs confondus avec ce que Rome possédoit de plus vertueux, pouvoient donc dire : — Et nous aussi nous sommes vertueux. — Par nos vertus nos peuples sont heureux. — Par nos vertus ils prospèrent. — Par nos vertus ils sont respectés, ils sont craints de nos voisins.

Dans le 13e. siècle, l'agriculture florissoit en Espagne. Le père Mariana nous parle de 70,000 chariots employés à conduire à l'armée qui vainquit à la fameuse bataille de las Navas, les grains des provinces méridionales. Il nous parle aussi du commerce qui se faisoit par le Tage, depuis Séville jusqu'à Cordoue. Il nous le dépeint comme très-considérable. Quelle étoit donc la source de cette abondance de richesses? — La population. — Du temps d'Abderram, la ville de Cordoue comptoit 200,000 maisons. Le Guadalquivir baignoit les murs de 3,000 villes ou villages. La population de la peninsule montoit à 50,000,000, même nombre que sous Auguste. Sous le règne de Ferdinand le catholique, l'Espagne comptoit encore 20,000,000 d'habitans. — Mais quel état fourniroit impunément pendant plus de deux siècles, un contingent annuel de 40,000 hommes ? — Qu'on se rappelle les guerres d'Italie, de Flandre, des Indes : et qu'on s'étonne que la population soit réduite à 11,500,000 ames.

On doit donc réduire à quatre époques, les causes générales de la décadence de l'agriculture en Espagne. La première, sous le Roi don Jean II : ce royaume fut livré aux fléaux de la peste, des tremblemens de terre ; des volcans qui s'ouvrirent en différentes parties, occasionnèrent des pertes considérables. La deuxième, l'expulsion des Maures ; la troisième la conquête de l'Amérique, la découverte de ses richesses : on abandonna alors les champs pour courir aux mines. La quatrième, les dévastations que firent les Anglais dans la peninsule, au commencement du siècle dernier.

Philippe V, le premier Roi d'Espagne de la maison de Bourbon, à peine assis sur le trône, tourna ses vues vers l'agriculture; ses successeurs ont suivi et suivent encore le même principe. C'est à eux que l'Espagne doit ces magasins publics appelés *positos*; magasins dans lesquels les cultivateurs peu aisés vont puiser les semences qui leur sont nécessaires. C'est à eux que l'Espagne doit ces Monts-de-Piété (*Erarios*), établis en Biscaye, en Catalogne, dans les royaumes de Valence, d'Andalousie, dont les fonds pris sur les économats (*Spolios ò vacantes*) servent à faire aux laboureurs des avances pécuniaires, qu'ils sont obligés de rembourser dans l'année, mais sans intérêts. C'est à eux que l'on doit l'établissement de ces sociétés patriotiques connues sous le nom d'*Amigos del pays.* En 1795, on en comptoit soixante-deux, dont le but est l'encouragement des arts, de l'agriculture, de l'industrie des provinces.

Nous avons vu Charles III, nous voyons son successeur suivre l'exemple des Consuls, des Empereurs romains, exemple remis sous les yeux de nos pères par Louis-le-Grand. Au sortir du cabinet où ce Souverain du mende avoit arrêté des plans de campagne avec Turenne, combiné des opérations d'état avec Colbert, ivre de la gloire de ses armes, heureux du bonheur de ses sujets, il descendoit dans ses jardins, cultivoit de ses mains un arbre qu'il affectionnoit, et s'entretenoit avec son jardinier, M. de la Quintenie. — Charles IV, dans ses chasses, s'arrête avec le laboureur: il cause avec lui sur les détails de la culture des terres; et ces conversations se terminent presque toujours par des largesses de ce Souverain, vrai père de ses peuples.

Il est hors de doute que l'agriculture ne prospérât en Espagne, si au lieu de manger dans les villes des revenus immenses, les Grands fixoient leur résidence dans leurs terres une partie de l'année. Une loi qui les y contraindroit, quelque vexatoire qu'elle parût au premier aperçu, seroit utile à l'état, et procureroit aux individus qui croiroient en souffrir, des jouissances qui leur sont inconnues. — Pourquoi en effet les Espagnols ne suivroient-ils pas l'exemple des Anglais, des Français, des Italiens, des Allemands? Pourquoi les rives du Manzanarès, du Tage, du

Guadalquivir ; de l'Ebre ne présenteroient-elles pas des aspects aussi décorés des mains de l'art que les rives de la Tamise, de la Seine, de l'Arno, du Danube ? Pourquoi ces superbes chemins qui traversent l'Espagne dans tous les sens, ne conduiroient-ils pas, comme ceux d'Angleterre, de France, d'Italie, d'Allemagne, à ces maisons de campagne, délassement de l'homme de cour comme du commerçant ? C'est à la campagne seulement que la culture s'enrichit du desir inné dans l'homme, celui de sa conservation. — Quel changement de décoration présenteroient les environs de Madrid, si ces campagnes arides et calcinées se transformoient en bois, en jardins ! La duchesse d'Ossuna, la duchesse de l'Infantado ont donné l'exemple ; mais il n'est pas suivi : tout Madrid cependant va voir leurs superbes jardins.

L'agriculture d'un pays, l'industrie de ses habitans sont toujours calculées sur la proportion de sa population, et la population est en raison de la richesse des peuples, et de la facilité de leur subsistance.

Ne pourrions-nous pas considérer comme

un larcin réel fait à l'agriculture d'Espagne, cette profusion d'avocats, d'écrivains, de procureurs, agens, pages, etc., lesquels abandonnent les campagnes pour aller dans les villes chercher une existence aux dépens du luxe des Grands ou de la chicane? Car à quoi servent à ces Grands ces intendans, ces bureaux organisés sur le modèle des bureaux d'intendance de provinces, lesquels substantent de nombreux commis, dont la seule occupation est la correspondance qu'exige la gestion de quelques mille livres de rentes? — *Le Diario* (Petites Affiches) de Madrid, celui des grandes villes sont remplis de propositions à cet effet.

En terminant ce chapitre, on ne peut s'empêcher de faire des vœux sincères pour des souverains qui font du bonheur de leurs peuples l'objet de leurs plus tendres sollicitudes; pour un ministre qui fait de la gloire de son Roi, de la prospérité de l'État, l'objet de son unique ambition.

La Catalogne.

J'avois projeté de visiter le Midi de l'Espagne. Séville, Cadix, le fameux camp de Saint-Roch, Malaga, Grenade et Valence. étoient sur la route que je m'étois tracée ; mais les maladies cruelles qui désoloient ces belles provinces, me forcèrent de renoncer pour le moment à ce voyage. — Des affaires pressantes me rappelant en France, je devois éviter d'approcher même les frontières des pays Infectés de la contagion, et je fus en conséquence contraint de revenir sur mes pas jusqu'à Saragosse, pour gagner de cette ville la Catalogne, province qui attiroit ma curiosité. Mais avant de quitter Madrid, il n'est pas hors de propos de donner les détails que je me suis procurés sur cette maladie, qu'improprement les uns appellent peste, les autres fièvre jaune. Suivant les observations des médecins les plus célèbres de Cadix, Malaga et autres villes, cette maladie n'est point la peste, elle n'en a même aucun symptôme ; elle n'est pas non plus fièvre jaune, quoique la première contagion qui exerça ses ravages à Cadix, il y a trois ans, eût pour principe l'introduction de personnes et marchandises venant d'un port d'Amérique affligé de la fièvre jaune : mais le caractère de cette maladie a changé par l'influence du climat de l'Andalousie; et quoiqu'aussi destructive, elle n'est cependant pas aussi dangereuse, étant plus facile à détruire. L'attouchement ne la communique pas : il y a même eu des exemples de gens du peuple qui se sont vêtus des dépouilles de cadavres pestiférés, et qui n'ont pas été atteints de la maladie; l'air seul est imprégné de ces miasmes contagieux, et l'on a remarqué des altérations en bien, chaque fois qu'il a plu, ou que le thermomètre se rapprochoit de zéro. Les campagnes les plus rapprochées des villes infectées n'ont pas été atteintes de la maladie. Les médecins attribuent l'épidémie de l'année dernière à l'extrême sécheresse et au manque de bled, ce qui forçoit les personnes pauvres à prendre une nourriture mal-saine. Ce qui prouveroit leur assertion à ce sujet, c'est qu'en 1723 le Portugal, après une pareille sécheresse et une

semblable

semblable disette, fut affligé d'une maladie pareille, qui enleva 80,000 personnes dans un court espace de temps.

Cette maladie, que les médecins ont appelée fièvre putride, inflammatoire, bilieuse, se manifeste par des symptômes effrayans dès le principe. Le malade éprouve un affaissement général dans tout son être, un nihilisme absolu dans son moral ; il perd non-seulement la faculté , mais même le desir de se soigner ; et s'il est abandonné (ce dont il y a eu beaucoup d'exemples avant que cette maladie fût connue), il périt plutôt par faute de soins que par les effets de son mal. Vingt-quatre heures après les premiers mal-aises, la fièvre se déclare ; les vomissemens commencent le second jour ; les matières qu'ils amènent sont de couleur noire : de là le nom de vomissement noir (*vomito negro*), qu'on a vulgairement donné à cette contagion. Le délire s'empare presqu'aussitôt du malade, lequel rarement passe le sixième jour, quand sa maladie tourne à mort. S'il échappe, la convalescence est longue. — Le remède qui jusqu'à présent a paru le plus efficace, a été l'émétique, dès les premiers symptômes, et après l'effet de ce re-

mède, beaucoup de limonade et lavages inté-
rieurs , sur-tout une excessive propreté. La
majeure partie des personnes pour lesquelles
ce traitement a été suivi, ont échappé à
la mortalité. On a remarqué que ceux qui
avoient eu la maladie, pouvoient la braver, sans craindre d'en être attaqués une
seconde fois : aussi les effets en ont-ils été
beaucoup moins cruels à Cadix , ces deux
dernières années. Lorsqu'elle s'y manifesta
pour la première fois, la frayeur s'étoit tellement emparée des habitans, qu'elle avoit éteint
tous les sentimens de nature, même les plus
sacrés. Le fils abandonnoit son père, la femme
son époux ; la sœur abandonnoit son frère ,
l'amant sa maîtresse , le valet son maître. Les
religieux, les religieux seuls, étrangers à tous
les sentimens de ce monde, bravoient la mort
et ses horreurs ; eux seuls tendoient une main
secourable, eux seuls voloient du riche au
pauvre, du puissant au foible, et prouvoient
que la religion seule, oui la seule religion,
donne le courage d'affronter une mort presque
certaine. — Alors, à cette époque désastreuse,
on ne trouvoit pas leur nombre excessif, on
ne se plaignoit pas qu'ils faisoient tort à la

population; qu'ils mettoient des obstacles à
la prospérité de l'état. — Vous, philosophes
modernes, ou pour mieux vous qualifier ;
vous, égoïstes dégoûtans, est-il un de vous
qui eût eu le courage d'assister un de vos semblables, je ne dis pas un de ces humbles dont
l'existence n'est pas même connue , dont le
nom n'est inscrit que sur les registres de bap-
tême , ce ne sont pas les êtres que choisit
votre vain amour-propre ; est-il un de vous ,
dis-je, qui, pour soulager le chef de vos
sectaires , se hasardât à traverser un air mé-
phitisé par les miasmes de la mort, pour lui
arracher une victime ? — Non : il n'en est pas
un. — Après vous être trempé dans un acide
nitro-muriatique-oxigéné, tremblant, et s'il y
avoit des témoins pour attester votre pré-
tendue humanité, vous arriveriez peut-être
encore jusqu'à la porte du moribond, mais
vous n'en dépasseriez certainement pas le seuil;
et ce chef pour le salut duquel vous attestiez
comme bonheur le sacrifice de vos jours,
rendroit le dernier soupir faute d'un verre
d'eau ! Et voilà de l'humanité! et voilà de la
bienfaisance ! Ces religieux, ces moines, ces
êtres dangereux, ces hommes, enfin, que vous

V 2

voudriez mépriser, mais que vos dédains ho-
norent (si toutefois quelque chose venant de
vous peut honorer), munis seulement de cette
huile sainte qui enlève toutes les traces des
impuretés de ce monde, pénètrent dans
les recoins les plus obscurs, les plus répu-
gnans; le germe de la mort s'introduit en
eux par tous les pores : penchés sur le
malheureux qu'ils ne peuvent rendre à la vie,
en portant la consolation et l'espérance dans
son ame, ils respirent toute la malignité de
son mal. — Et vous? — Vous fuyez de ces
lieux infectés.

On a remarqué que les personnes qui se sont
baignées dans la mer, celles qui ont bu chaque
matin un verre de cette eau, ou qui se sont
frictionnées avec de l'huile, ont généralement
été préservées de cette contagion. On assure
que M. de Reding, colonel du régiment
suisse de son nom, lequel étoit en garnison à
Malaga lors de l'épidémie, a conservé ses
hommes en faisant chaque matin tremper leurs
chemises dans l'huile.

Des médecins célèbres de Paris ont écrit
des mémoires, sans doute précieux, sur cette
maladie et sur les moyens de la guérir. En

pareille circonstance, chaque homme en sa qualité d'homme, doit à la société le tribut de ses connoissances ; mais les médecins de notre capitale n'ont peut-être pas assez combiné l'influence du climat, des mœurs, et de la nourriture sur des habitans du Midi. La Médecine de Paris peut ne pas être la Médecine de Cadix.

Au surplus, le gouvernement espagnol a pris les précautions les plus sages pour prévenir l'extension de cette maladie, et empêcher qu'elle ne devienne endémique dans les provinces méridionales. — Pour en prévenir l'extension, les villes infectées furent dès les premiers momens investies du côté de terre, bloquées du côté de mer, afin d'empêcher toute communication avec l'intérieur. Chaque province fut couverte du côté du Midi, par un cordon de troupes qui ne permettoit passage qu'aux individus munis de certificat de santé, qu'on délivroit dans chaque endroit ; ce certificat devoit être visé dans tous les lieux où passoient les voyageurs. Tout individu sans certificat ou suspecté, étoit conduit au Lazaret établi dans chaque ville. Elles se gardoient par elles-mêmes. Prêtres,

nobles, bourgeois, toutes les classes de la société montoient la garde. — Les côtes étoient
et sont encore soigneusement gardées. Les
ordres les plus sévères sont donnés pour
empêcher l'abordage de tout bâtiment ,
chaloupe , canot qui ne seroit pas muni
de certificat de santé. Les pêcheurs même
doivent s'en munir, et ne peuvent abor-
der à la plage. Pour cette surveillance rigou-
reuse , on a établi sur toute la côte de la Méditerranée et de l'Océan , des baraques en
pierre à un quart de lieue de distance, et en
vue l'une de l'autre. Dans chacune de ces
baraques il y a une garde de trois paysans
et deux soldats de troupe de ligne.

Pendant la nuit, les patrouilles se croisent
de manière qu'il est impossible au plus petit
canot de mettre à terre sans être aperçu;
aussi la contrebande est-elle détruite par mer
depuis la formation du cordon. Il est inutile
de dire qu'il y a ordre de faire feu sur tout
ce qui tenteroit un débarquement. Les troupes
de ligne employées sur les côtes sont séparées
par divisions. Chaque division est commandée
par un capitaine qui a sous lui deux officiers.
Le capitaine est au centre, les officiers aux

ailes de ces divisions maritimes, qui comprennent deux lieues de côte, et six à sept lieues de terres intérieures. Les villes, bourgs, villages compris dans ces six à sept lieues fournissent les paysans de garde, et tous les objets nécessaires à la consommation des troupes de la division. Le capitaine commandant la division a pleine autorité sur les justices de son district pour tout ce qui a rapport au service de la côte. — C'est par ces sages précautions qu'on a arrêté les progrès de l'épidémie. Pour en prévenir le retour dans les villes qui ont été infectées, on a employé par ordre et aux frais du gouvernement, tous les moyens chimiques connus pour raréfier l'air, et détruire dans les maisons, magasins, etc., etc., les miasmes de la contagion.

La maladie dont Gibraltar a été affligé n'est point la même que celle de l'Espagne. C'est la peste à bubons, la vraie peste, qui fut apportée dans ce port par des bâtimens venant du Levant. Le gouvernement anglais a pris aussi de grands moyens pour empêcher la propagation de cette maladie. Un des plus efficaces sans doute a été de couler bas tous les navires avec leur cargaison , qui se trouvoient dans le port de Gibraltar, venant du Levant. Le gouvernement s'est chargé d'indemniser les négocians lésés par cette mesure.

Mais quittons la peste et l'épidémie ; et dans l'espérance que ces fléaux ne se feront pas sentir de nouveau, arrivons à Lérida ; à cette ville devant laquelle la victoire rompit le pacte qu'elle avoit fait avec le Grand Condé. Elle réservoit au duc d'Orléans la gloire de soumettre cette place : les coteaux qui la dominent sont encore fortifiés. Les murs de Lérida sont à l'est baignés par la Segre : cette rivière, qui força César à déployer toutes les ressources de son génie, présente au militaire qui en suit le cours un vaste champ à méditation et à étude : le laboureur dont elle fertilise le champ par ses fréquens débordemens, ignore qu'à chaque sillon que trace sa charrue, il foule des héros ; mais, paisible et heureux il coule une vie tranquille dans cette plaine délicieuse , jadis le théâtre de combats sanglans.

De Lérida, première ville de la principauté de Catalogne , du côté de l'Aragon , on va à Cervéra. Cette ville domine une vaste

plaine assez fertile. — Non loin de Cervéra,
dans le diocèse de Solsone, est la montagne
de Cardonna, couverte à sa cime d'une forêt
de pins, et renfermant dans son sein une
carrière de sel inépuisable, et curieuse par les
différentes couleurs que les rayons du soleil
font paroître : on croit voir une carrière de
diamans, de rubis, d'émeraudes. Ce sel est
même assez solide pour qu'on en fasse des
urnes, des vases, des boites et autres ouvrages aussi curieux que précieux.

Après avoir passé Igualada, ville qui ne
possède rien qui puisse fixer l'attention du
voyageur, on arrive à Molin-del-Rey, ville
remarquable par l'agrément pittoresque de sa
position, ses nombreuses papeteries établies
sur les bords du Lobrégat, et le superbe pont
de cinq cent quarante pas sur cette rivière,
laquelle devient torrent dangereux dès qu'il
pleut seulement un jour, et qu'on passe à gué
dans les beaux temps.

Entre Igualada et Molin-del-Rey, on à
eu sans cesse en vue, et sur sa gauche,
la montagne de Mont-Serrat, fameuse par
le monastère, et ces soixante religieux dont

les vertus arrachent un hommage à la philosophie. (*Voyez au chap. du Clergé régulier.*)
L'archevêque d'Auch, l'évêque de Tarbes,
celui de Castres passèrent une partie du temps
de la persécution dans cette retraite , et par
leur piété et leur fermeté à combattre l'ad-
versité , ils acquirent l'estime et la vénération
de leurs hôtes solitaires.

Les religieux de Mont-Serrat vivent sous
la règle de Saint-Benoît. C'est dans ce couvent que Saint-Ignace conçut le dessein de
former la compagnie de Jésus. Sur un des
murs, on lit cette inscription :

*B. Ignacius à Loyola hic multâ prece fletu-
que Deo se Virginique devovit ; hic tanquam
armis spiritualibus sacer se muniens pernoc-
tavit ; hinc ad Societatem Jesu fundandam
prodiit, anno* 1522.

Comme toutes les églises en Espagne ;
celle du couvent de Mont-Serrat possède des
richesses immenses, accumulées par la piété
des fidèles. — Mais où est-il celui qui pourroit parcourir la partie de la montagne appelée le *Désert*, sans éprouver un sentiment
d'admiration et de respect pour ces anacho-
rètes habitant ces treize hermitages, bâtis sur

la pointe des rochers dentelés qui s'élèvent
de cette montagne comme autant de pyra-
mides, et qui lui donnent un aspect aussi
hideux que pittoresque? Ces hermites sont
pour la plupart des militaires ou des gen-
tilshommes, lesquels après avoir été long-
temps battus par la tempête qu'excitent les
passions humaines, après avoir éprouvé tout
le vide de ce que nous appelons le bonheur
de ce monde, vont chercher, et trouvent la
vraie félicité dans la méditation et le silence.
— Ces roches menaçantes, ces vallons délicieux, couverts d'ombrages et tapissés de verdure, que l'on trouve en parcourant ces rocs
arides et effrayans ; ces cascades d'une eau
limpide qui se précipite de la cime de ces
pointes hérissées; le chant lugubre des oiseaux
de proie qui planent lentement sur ces rochers qui percent les nues; la douce mélodie
du rossignol qui trouble le silence de ces
vallons ombragés ; ces hermites que l'on rencontre prosternés au pied d'une croix posée
dans la concavité d'un antre ;... cet ensemble,
ces contrastes plongent l'ame dans une douce
rêverie, et lui font éprouver des sensations
toutes divines.

De Molin-del-Rey on n'a plus que quatre lieues à faire pour arriver à Barcelone, capitale de la Catalogne. On suit pendant quelque temps les bords du Lobregat, qu'on laisse ensuite serpenter dans une plaine vaste et fertile, qui est sur la droite du chemin. Après avoir traversé plusieurs villages bien bâtis et dénotant l'opulence des habitans, on arrive à la Croix-Couverte, hauteur ainsi nommée à cause d'une croix de grande dimension, laquelle y est placée sous une voûte soutenue par des colonnes. Il est difficile d'imaginer un paysage plus riant, un coup d'œil plus majestueux que celui qu'on découvre de cette hauteur. A droite et à gauche, la vue se perd sur une plaine couverte d'orangers, de citronniers, d'oliviers, de figuiers, d'amandiers, etc., séparant les diverses propriétés, ou jetés au milieu de terres en culture. Des maisons de campagne, des bâtimens pour les manufactures d'indiennes, éblouissant par leur blancheur et la réverbération d'un soleil toujours pur, contrastent agréablement avec ce vert foncé des arbres du midi. A une lieue, et en face de l'observateur, se présente la ville de Barcelone. On la diroit bâtie d'hier : ses

maisons peintes extérieurement en blanc, lui
donnent un air de fraîcheur. — Fortifiée du
côté de terre, cette ville est dominée et pro-
tégée à l'ouest par le Mont-Jouy, montagne élevée et couronnée par une fortere-
resse, du centre de laquelle s'élève une tour
pour les signaux. Entre la forteresse et le
pied de cette montagne, des vignes, quelques
maisons en décorent agréablement les flancs.
—A l'est, la ville est limitée par une cita-
celle construite par Philippe V, et dont le
but paroît être de contenir les habitans
plutôt que de les protéger : elle pourroit cependant remplir ce dernier objet, si l'occasion s'en présentoit. — Au sud, la mer termine ce tableau par un vaste horizon
demi-circulaire. Si, en descendant cette pente
douce qui de la Croix-Couverte mène à Barcelone, on regarde derrière soi, la vue sera
agréablement arrêtée par une chaîne de
montagnes qui, au nord, bornent la plaine.
Le sommet de la plupart de ces montagnes est
couvert de bois de pins; le revers offre des
vignes les mieux soignées; la base, des villages, des maisons de campagne qui s'y prolongent à perte de vue, et qui rivalisent en

beáuté et en agrémens. Chaque jour de fêtes et de dimanches, les habitans de Barcelone vont dans ces campagnes chercher, les uns le délassement, les autres le plaisir.

Si on veut trouver un exemple de l'activité, de l'industrie commerciale, si on veut pouvoir calculer à quel point arrive chez l'homme le desir de s'enrichir, qu'on aille à Barcelone. On n'y pense, on n'y parle, on n'y travaille que pour des spéculations; les négocians, les fabricans, les manufacturiers sont entassés les uns sur les autres. On fait aisément à pied le tour de Barcelone en une heure, et cette ville renferme cent quatre-vingt mille ames, quoique les églises, les couvens, les palais y soient en grand nombre.

Le commerce de cette ville, laquelle mérite place parmi celles de premier ordre, consiste principalement en vins et eaux-de-vie pour le Nord, en indiennes et papiers pour l'Amérique. La Hollande seule tire de Barcelone, année commune, quatre-vingt mille pipes de vins ou eaux-de-vie. Le bled des côtes d'Afrique, les farines des Etats-Unis sont encore une branche du commerce des Barcelonais : mais ils ont abandonné

leurs rapports avec la Turquie. Ils étoient autrefois en possession de fournir aux Turcs les
toques dont ils font usage en place de chapeaux. Le Roi les engagea, il y a quelques
années, à reprendre cette branche lucrative;
mais ils n'y paroissent pas décidés.

Si les Barcelonais continuent à négliger
le nétoiement de leur port, avant un demi-
siècle les navires marchands ne pourront y
entrer. La rivière de Lobregat à l'ouest, celle
de Besos à l'est, charrient des sables que
les courans amènent dans l'anse au fond de
laquelle est située Barcelone; ces sables forment une barre que les bâtimens de quatre
cents tonneaux ne peuvent passer chargés.
On s'aperçoit facilement du retirement gra-
duel de la mer : la petite ville de Barcelonette, bâtie par le marquis de la Mina, et
séparée de Barcelone par un bastion dont
la mer baignoit autrefois les murs, est
située sur le terrain que la mer a laissé. Dans
le coup de vent du 21 au 23 décembre 1802,
la mer reprit au N. N. E. de Barcelonette
trente toises environ du terrain qu'elle avoit
abandonné depuis dix ans. Trois maisons
furent enlevées par les vagues. Ce mouvement

rétrograde de la mer auroit-il quelques rapports au tremblement de terre qui, à cette époque, se fit ressentir depuis Saint-Pétersbourg jusqu'à Alger ? J'abandonne aux savans la solution de cette proposition.

Les Hollandais sentant l'avantage de conserver le port de Barcelone, proposèrent au gouvernement espagnol de creuser un nouveau port dans la partie de plaine qui est entre le Mont-Jouy et la ville de Barcelone : cette plaine est maintenant occupée par des jardins qui fournissent à la consommation des légumes de la ville. Ils offroient de faire les avances, de construire les quais, et demandoient, en compensation des fonds qu'ils destinoient à cet objet, un privilége d'exportation pendant trente années. S. M. C. n'a pas cru devoir accéder à cette proposition. On a présenté depuis divers plans; mais jusqu'à ce jour on se contente d'établir dans le port quelques *maries-salopes* (1) qui n'enlèvent pas en six mois les sables que quelques heures de vent d'Est ou de S. S. O. amènent. Lors du voyage de la cour à Barcelone, en 1802, S. M. C., en

______

(1) Bâtimens destinés à curer les ports.

reconnoissance

reconnoissance des témoignages d'amour que lui donnèrent les Barcelonais, leur accorda la remise de quelques droits d'entrée de marchandises, pour cette somme être affectée aux travaux nécessaires à la conservation de leur port.

Les bâtimens publics les plus remarquables à Barcelone, sont : la Douane, dont la façade est en marbre. On ne sait pas pourquoi on a orné cet édifice d'une Renommée, belle dans ses dimensions et son exécution, mais déplacée sur une douane. Ne seroit-elle pas mieux placée sur le palais du capitaine-général, ou même sur cet édifice appelé *la Lonja*, où se trouvent réunies une école de dessin, une de pilotage, et une de commerce ? La grande salle de cet édifice est destinée à la réunion des commerçans à l'heure qu'on appelle la Bourse : elle sert aussi de salle de bal dans le Carnaval. — On remarque un corps de casernes d'une grande beauté, lequel, par sa position, peut être considéré comme une fortification contre la ville. Cette caserne, d'une immense étendue, donne sur une des promenades et une des places les plus considérables de Barcelone : on ne peut y entrer que par deux portes, lesquelles sont sur les flancs, et sont pratiquées dessous deux batteries qui battent la mer. En tournant les canons, ils se trouveroient dirigés contre la ville. Une de ces portes conduit au chemin de la forteresse de Mont-Jouy.

On sait que les Souverains d'Espagne ont pris tous les moyens d'intimider et de contenir les Catalans, dont l'esprit inquiet et turbulent les a portés à se révolter à différentes reprises. Le courage qu'ils mirent à la défense de Barcelone leur feroit honneur, si l'énergie qu'ils déployèrent en cette circonstance n'eût pas été contre leur roi légitime. Mais cet esprit d'insurrection est détruit, et les Catalans ont prouvé, dans la guerre de 1793, et leur dévouement et leur fidélité.

La situation, les promenades, l'air qu'on respire à Barcelone, en font une des villes les plus agréables à habiter. Il seroit à desirer que les habitans fussent doués d'un peu plus d'affabilité, que les femmes prissent un son de voix plus flûté, et sur-tout que le mot *dinès* (argent) fût un peu moins usité. On prétend que ce mot est le second qu'on apprend aux enfans. *Dios* (Dieu) est le premier. Des méchans assurent même que de ces deux mots on n'en fait qu'un dans le dictionnaire catalan.

L'amateur des monumens romains, de ces monumens qui, en nous retraçant le génie de ces peuples, nous font rougir de notre infériorité ; cet amateur, dis-je, ne doit pas quitter la Catalogne sans aller voir Taragone, cette demeure des Scipions, à 25 lieues à l'est de Barcelone.

Avant d'arriver à Villafranca, moitié chemin de Barcelone à Taragone, le voyageur s'arrêtera sans doute au pont de Llodanet : ce pont, d'une hardiesse étonnante, joint deux montagnes assez élevées, sur la croupe desquelles passe le grand chemin. Un torrent impétueux roule avec fracas sur des rochers entre ces deux montagnes, dont les flancs sont couverts de pins. D'une élévation au moins égale à celle du pont du Gard, monument si justement admiré par sa beauté et sa solidité, le pont de Llodanet auroit peut-être la su-

X 2

périorité si on établissoit le parallèle ; car trois voûtes l'unè sur l'autre font le mérite de l'ouvrage des Romains, tandis que deux voûtes seulement ont paru suffisantes aux Espagnols pour le nivellement de points ; comme je l'ai dit, au moins égaux à la hauteur à celle du pont du Gard.

Deux lieues avant Taragone, le voyageur curieux, en suivant le grand chemin, passera sous un arc de triomphe ; il en admirera l'ensemble et les détails étonnamment conservés. On fait remonter au règne de Trajan la construction de ce monument, destiné à perpétuer quelque victoire importante, sans doute, pour ces temps reculés. — Quels vestiges nous reste-t-il de ce grand événement qui fit sûrement la gloire d'un général, qui donna peut-être des provinces à un Empereur ? Un monceau de pierres sculptées : — Le nom même de celui en l'honneur duquel cet arc triomphal fut élevé, est entièrement oublié !!!

Toujours en suivant le grand chemin, cotoyant la mer, notre amateur arrivera à un petit bois de sapins. Sur la droite de la route, et dans un éclairci de forme demi-circulaire, il contemplera un tombeau que le temps n'a pas épargné : des arbrisseaux ont pris racine à travers les joints des pierres, et s'élèvent au-dessus du couronnement de ce monument dont les côtés sont tapissés de mousse, point assez épaisse cependant pour qu'on ne puisse apercevoir deux esclaves assez conservés pour qu'on distingue dans leurs traits et dans leur attitude l'expression de la douleur. On ignore le nom de celui dont ils pleurent encore la perte. On appelle ce monument le *Tombeau de Scipion.*

Arrivé enfin au haut de la montagne escarpée sur laquelle est assise la ville de Taragone, notre voyageur, après avoir porté sa vue sur cette immense étendue de mer qu'il domine, fixera ses regards sur des murailles du palais d'Auguste, lesquelles servent en partie à former le palais où loge le gouverneur de la ville ; il parcourra les restes d'un cirque, ceux d'un amphithéâtre ; il lira une foule d'inscriptions écrites sur des pierres dont Charles-Quint a revêtu des bastions; il suivra sur-tout cet aqueduc qui portoit aux habitans de la Taragone romaine de l'eau prise à sept lieues de cette ville.

Nous avons déjà parlé du port que les Taragonois ont entrepris, et terminent malgré la certitude donnée par M. Bourgoing (1), que « cet ouvrage patriotique n'a pas été cou- » ronné du succès, et que les ouvrages com- » mencés au port de Taragone ont été aban- » donnés. » — Il falloit, il est vrai, la cons- tance des Espagnols pour surmonter les obs- tacles qui s'opposoient à la confection de ce port : mais ces obstacles sont aplanis, et les habitans de Taragone jouissent déjà du prix dû à leurs travaux. Cette ville doit néces- sairement enlever un jour à Barcelone le commerce qui fait sa prospérité. Cette ca- pitale ne voit pas sans jalousie s'élever une rivale.

Des historiens rapportent qu'en 1729, don Jacques (Jayme), roi d'Aragon, étant à Taragone, fut invité à dîner par un nommé don Pierre Martello. Ce don Pierre étoit un

____

(1) *Tableau de l'Espagne moderne*, vol. 3, p. 265.

des principaux habitans de la ville, et fort dans les intérêts du Roi. Les fenêtres de sa salle à manger donnoient sur la mer, et on apercevoit facilement l'ile de Mayorque (une des Baléares). Dans le cours de la conversation, on parla de la fertilité de cette île, de ses richesses et de la température de son climat. Don Pierre, en courtisan habile et politique (car de tout temps il y a eu des trompeurs et des flagorneurs), enchérit sur les avantages de cette île, sur le commerce qu'elle faisoit avec la Catalogne. Par ses discours il enflamma tellement l'ambition de don Jacques, que ce prince forma de suite le projet de s'emparer de Mayorque. Il falloit cependant un prétexte pour déclarer la guerre au roi Maure : le hasard avoit fait que quelques jours avant cette conversation, les Maures s'étoient emparés d'un navire Catalan : il n'en fallut pas davantage. Le Roi d'Aragon envoie un ambassadeur pour réclamer la prise : le souverain de Mayorque admet l'envoyé de don Jacques, et répond à sa réclamation : Je me nomme *Ratabohihes.*
—D'un air insultant et méprisant, il interrogea

4

ensuite l'ambassadeur en ces termes : Quel Roi me nommez-vous? — Un fils de ce Roi d'Aragon. qui, dans les plaines de Tolosa, défit et mit en déroute une armée considérable de votre nation. — Cette réponse digne, mais fière, irrita le roi *Ratabohihes* ; il chassa l'ambassadeur de son île; et don Jacques instruit de ce procédé, se rendit en toute hâte à Barcelone, convoqua une assemblée, y fit part de ses griefs, proposa son plan, qui fut adopté avec enthousiasme. On lui accorda un second *bavatico* (tribut qu'on payoit anciennement en Catalogne par paire de bœufs de labou); des troupes furent rassemblées, et quinze mille hommes d'infanterie, quinze cents de cavalerie furent embarqués à Salou, sur cent trente-cinq bâtimens de toutes grandeurs. Cette expédition formidable mit à la voile, débarqua à Mayorque, et après une résistance vigoureuse de trois mois, la capitale de l'île, Palumbria, maintenant Palma, fut enlevée d'assaut le dernier jour de décembre 1230. Le Roi y fit son entrée le lendemain, et depuis cette époque, l'île de Mayorque a été sans interruption sous la dépendance de l'Espagne: Ce dernier fait est avéré; mais le coup d'œil des fenêtres de la salle à manger de don Pierre Martello me paroit n'avoir existé que dans l'imagination des historiens, car de Taragone on n'aperçoit pas Mayorque, même à l'aurore et par un temps serein, à plus forte raison à l'heure à laquelle on dinoit en 1229, qui n'étoit certainement pas six heures du soir.

Le port de Salou, où se fit l'embarquement des troupes de don Jacques, ne reçoit maintenant que les navires qui viennent charger les quarante mille pipes de vins ou eaux-de-vie qu'exporte la ville de Reus, située à une lieue dans les terres. C'est dans cette ville, petite, mais très-commerçante, que sont établies les brûleries les plus considérables de la Catalogne, et les plus belles, dit-on, qu'il y ait en Europe.

A mon retour de Taragone, j'appris qu'on avoit levé le cordon mis sur la frontière de France pour empêcher l'introduction des personnes et des effets provenant d'Espagne; je n'attendois que cela pour repasser les Pyrénées; en conséquence je louai une *caleza*, et me mis en route pour Perpignan.

On voyage en Suisse, on va en Italie chercher des sites pittoresques, des sites agréables; mais il me paroit difficile de trouver dans ces pays rien de plus curieux, de plus riant et de plus varié que la route de Barcelone aux Pyrénées. Un peintre s'arrêteroit à chaque pas, et auroit toujours un nouveau paysage à dessiner.

Après avoir fait quatre lieues dans la plaine où est située Barcelone, on arrive à Mataro, petite ville charmante, entourée de vergers remplis d'orangers, de citronniers, d'amandiers, de noisetiers et de grenadiers. Mataro fait un commerce considérable de ses vins, qui sont estimés en Catalogne; elle a aussi des fabriques de soieries, de cotonnades et de dentelles. Ces objets s'exportent dans les Amériques espagnoles.

Au sortir de cette ville, l'on quitte la plaine; les sites perdent alors la monotonie de la régularité, et deviennent vraiment romantiques. Montant et descendant des coteaux couverts de vignes, couronnés de maisons de campagne; traversant des vallons parsemés d'oliviers, d'orangers et de figuiers; quelquefois, parvenu à la cime d'un rocher à travers lequel on a percé le chemin, on a la mer à des centaines de toises au-dessous de soi, on craint d'y être précipité ; mais une sinuosité qu'on détourne, vous laisse apercevoir une bourgade, dont les maisons sont d'une blancheur éblouissante : en avant est son port de pêche et de cabotage, et sur ses derrières, des bosquets et des jardins. Arrivé au bas de la côte, on traverse cette bourgade, dont chaque maison offre les marques de l'aisance et de l'industrie. Elles sont sur-tout remarquables par leur propreté. Sur chaque porte, des enfans, des jeunes filles d'une fraîcheur et pour la plupart d'une beauté ravissante, s'occupent, en chantant, de la fabrication de dentelles, de blondes, dont la consommation se fait dans les Indes occidentales. Le bonheur est peint dans leurs traits, la simplicité dans leurs manières ; les voitures qui passent continuellement, les gaietés de quelques voyageurs ne les détournent pas de leur occupation, ne leur font pas même perdre une note de leurs chansons. — On traverse ainsi les bourgs d'Arens-de-Mar, de Canet (celui-ci a un chantier, et quoique les navires soient forcés de mouiller à la côte, il fait un commerce direct avec les Amériques), de Saint-Pol, de Callela, de Pineda. A une demi-lieue de ce dernier, on quitte à regret la côte, et en jetant un regard sur Malgrat, on dit adieu à la mer, et on entre dans un pays montagneux, couvert de bois de chênes verts, d'arbres à liége (*alconorques*) et de bruyères. Cette âpreté de nature est assez fréquemment adoucie par des vallons bien cultivés, et après avoir passé à gué la Turdera, on entre dans la plaine que domine Gerone, ville de guerre adossée à des coteaux couverts de redoutes et de forts. De Gerone à Figueras on a quatre heures de marche à travers un pays riche par sa culture; le voyageur-militaire remarquera la position du Col-de-Riols, position occupée par l'armée espagnole qui défendoit le passage de la Fluvia, rivière qui serpente au milieu d'une plaine étroite, située au bas du prolongement des coteaux que les Espagnols avoient couronnés de redoutes. C'est sur la Fluvia que don Joseph Urrutia arrêta les progrès de l'armée envahissante. C'est de la position du Col-de-Riols qu'il vouloit partir pour entreprendre le plan qu'il avoit conçu afin de repousser l'armée française au-delà des monts : mais la paix empêcha l'exécution de ses projets. — On passe la Fluvia à gué, et après deux fortes lieues, on arrive à Figueras. En visitant le château San-Fernando, ce chef-d'œuvre, ce luxe de fortifications, dont les murailles, soit du cordon, soit des ouvrages extérieurs sont en pierres de taille; dont les casernes, l'hôpital, les écuries, les magasins, les remparts et jusqu'au cimetière sont casematés; en visitant, dis-je, ce château qui étoit défendu par huit mille hommes d'infanterie de ligne et quinze cents de cavalerie, garni d'une artillerie nombreuse, pourvu de provisions en tout genre, on se demande comment cette place a pu se rendre sans avoir brûlé une amorce.—La paix faite avec la France, le roi d'Espagne ordonna un conseil de guerre pour juger le commandant du château de San-Fernando. Il fut condamné à mort; mais au

lieu d'avoir fait poser sa tête sur la porte d'entrée du lieu de son déshonneur, S. M. C.
commua la sentence en un exil perpétuel.

En quittant Figueras, et à peu de distance
de cette petite ville, on traverse un bois d'oliviers. Les carabiniers royaux y prouvèrent, à
diverses reprises, que toute l'armée n'étoit
pas composée de gens semblables au gouverneur de San-Fernando. On passe le pont
de Molins, on aperçoit ensuite sur la gauche
une croix qui s'élève à mi-côte : c'est la place
où expira le comte de la Union, allant attaquer une batterie dont il n'étoit plus qu'à
quelques toises. Ce général fut toujours brave,
il fut toujours fidèle ; mais il ne fut pas toujours heureux.

On suit le grand chemin toujours dominé
par des restes de batteries établies soit pour
la défense, soit pour l'attaque des deux armées : on se demande de tout ce sang ré-
pandu, que reste-t-il pour le bonheur de la
génération présente, pour celui des générations à venir ?.... Quelques noms de plus ins-
crits sur les registres de l'immortalité humaine !
De réflexions en réflexions, de gémissemens

en gémissemens, on arrive à la Jonquière, dernière peuplade espagnole.

Deux heures suffisent pour conduire au Perthus, première habitation française. Le Perthus est au pied de la forteresse de Bellegarde, dont les bastions, dont les murs portent encore l'empreinte du courage espagnol, et des talens de don Antonio Ricardos.

La Catalogne que nous venons de quitter, fut habitée par les Goths et les Alains, qui nommèrent cette province *Gothalania.* Elle a soixante - dix lieues de longueur de l'est à l'ouest, et quarante à quarante-huit dans sa plus petite et sa plus grande largeur. Elle a près de quatre-vingts lieues de côtes sur la Méditerranée.

L'air de la Catalogne est très-sain, le climat de la côte est délicieusement tempéré par la brise de mer qui s'élève régulièrement à dix heures du matin, et qui tombe au moment où la fraîcheur de la soirée commence. Les chaleurs de l'été sont conséquemment supportables ; l'hiver se fait à peine sentir sur les bords de la mer : les montagnes qui tiennent aux Pyrénées sont couvertes de neige en hiver, et l'air frais qui vient de cette partie du nord contribue à la salubrité des plaines.

La population de cette principauté est d'environ un million quatre cent mille ames, d'après le recensement fait il y a peu d'années.

Cette province est en général montueuse. On trouve dans les montagnes le pin , le châtaignier , le hêtre, le sapin et le chêne vert ; on cultive le bled dans les plaines , mais en quantité insuffisante pour la consommation des habitans. La Catalogne abonde en carrières de marbre , de jaspe et d'albâtre. On y trouve aussi des mines d'argent, de plomb, de fer, d'étaim , d'alun et de vitriol.

F I N.

TABLE
DES CHAPITRES.

Y

De l'Imprimerie de LE NORMANT, rue des Prêtres
Saint-Germain-l'Auxerrois, n°. 42.

Errata. Page 282 , au lieu de *highwaymen ;* lisez *highwaymen.*

ABRÉGE

DE LA MYTHOLOGIE UNIVERSELLE,

Ou *Dictionnaire de la Fable*, adopté par la commission des ouvrages classiques, pour les Lycées et les Ecoles secondaires ; par François Noël, inspecteur-général de l'instruction publique ; avec cette épigraphe :

Nisi utile est quod facimus, stulta est gloria.
PHÈDRE, liv. III, fab. 17.

Un fort vol. in-12. Prix : 5 fr., et 6 fr. 50 c. par la poste.

A Paris, chez le Normant, imprimeur-libraire, rue des Prêtres-Saint-Germain-l'Auxerrois, n°. 42.

Il y a des choses dont l'utilité ou l'agrément ne peuvent plus être impunément vantés ; il seroit superflu, jusqu'au ridicule, de s'attacher à en démontrer les avantages ou les charmes, lorsque tout le monde les sent et que personne ne les conteste. La science de la mythologie est sans contredit au nombre de ces choses-là. Chacun sait qu'elle est indispensable pour l'intelligence de tous les auteurs anciens et de beaucoup d'auteurs modernes, qu'elle seule peut nous donner l'explication d'un grand nombre de sujets traités par les artistes, et qu'indépendamment de ses applications utiles et journalières, elle est, en elle-même, l'objet ou l'occasion d'une foule de recherches profondes, instructives et amusantes.

Il y a plus de cinquante ans qu'un modeste et laborieux maître de pension de l'Université de Paris, Chompré, a fait, à l'usage des écoliers, un *Dictionnaire abrégé de la Fable.* Des éditions à l'infini, dont personne ne sait le nombre, attestent suffisamment le mérite de ce petit ouvrage, qui étoit devenu d'obligation dans les études comme les poètes classiques dont il facilitoit l'interprétation. Mais Chompré s'étoit borné à la mythologie grecque, romaine et égyptienne, et encore n'avoit-il pas entièrement compris dans son travail la foule des traditions diverses et contradictoires qu'offrent ces antiques théogonies. Il avoit suivi pour chaque divinité l'histoire la plus généralement reçue, celle qui réunissoit le plus d'autorités et d'autorités considérables. Ce système, raisonnable dans les vues de l'auteur, qui n'avoit voulu faire qu'un livre abrégé et portatif, n'étoit pas sans quelque inconvénient dans l'usage : l'ouvrage ne rendant pas compte des circonstances différentes imaginées ou adoptées par quelques poètes dissidens, les écoliers, qui en étoient frappés, ne savoient où se prendre pour avoir l'explication de ces contrariétés.

M. Noël, ancien professeur de belles-lettres dans l'Université de Paris, étoit plus à portée que personne de sentir tout ce qui manquoit au Dictionnaire de Chompré, et plus que personne aussi en état d'y suppléer. Il entreprit donc d'abord de reproduire ce Dictionnaire (ce sont ses termes) avec quelques développemens desirés tout à-la-fois des savans et des gens du monde. Mais dans le cours de la rédaction, ses idées s'étendirent; il crut qu'il seroit agréable pour le public, de trouver réunies dans un même cadre, et sous la forme alphabétique, toutes les mythologies anciennes et modernes, et il fit son grand *Dictionnaire de la Fable*. Cet ouvrage a eu, en moins de quatre ans, deux éditions, dont la dernière (1) infiniment supérieure à l'autre, renferme tout ce qu'on peut desirer de savoir sur les fictions inventées par tous les habitans de la terre, tant anciens que modernes, tant civilisés que barbares. La mythologie des Grecs et des Romains y paroît avec toutes ses traditions les plus particulières et les plus cachées. Celle des peuples de l'Afrique et de l'Amérique que les modernes voyageurs ont découverts; celle des peuples de l'Asie, dont l'origine est si reculée, mais dont l'histoire est encore si nouvelle et si obscure pour nous; celle enfin des nations du nord de l'Europe, dont les savans nous ont fait connoître les antiquités et même les poésies: toutes ces mythologies sont consignées dans la seconde édition du Dictionnaire de M. Noël, avec une étendue et une exactitude de détails très – propres à satisfaire les savans et à instruire ceux qui voudroient le devenir. L'iconologie, proprement dite, qui n'a pas un rapport essentiel avec les systèmes religieux, mais qui tient sa place parmi les fictions, en occupe aussi une dans le Dictionnaire; et cette partie de l'ouvrage, tirée des livres chers et rares qui en traitoient spécialement, ne peut que fournir de très-utiles secours, ou même suggérer des idées fort heureuses aux peintres et aux sculpteurs qui voudront introduire les êtres moraux dans leurs compositions, au moyen de l'allégorie.

Nous avons vu comment M. Noël, dans son travail, avoit

---

(1) *Dictionnaire de la Fable*, ou Mythologie grecque, latine, égyptienne, celtique, persane, syriaque, indienne, chinoise, mahométane, rabbinique, slavonne, scandinave, africaine, américaine, iconologique, etc. Deuxième édition, ornée d'un frontispice dessiné par Girodet. Deux volumes in-8°. de 800 pages chacun, imprimés en petit texte, sur deux colonnes. Prix : 21 fr., et 26 fr. par la poste.

A Paris, chez le Normant, imprimeur-libraire, rue de Prêtres Saint-Germain-l'Auxerrois, n° 42, vis-à-vis le petit portail.

dépassé le but qu'il s'étoit d'abord proposé; il ne vouloit faire qu'un livre élémentaire, et il avoit fini par composer un grand ouvrage de recherches et d'érudition. Cependant le *Chompré* restoit toujours à refaire; les motifs qui avoient déterminé M. Noël à entreprendre cette refonte, subsistoient encore dans toute leur force. Le prix du grand Dictionnaire de la Fable, son volume et sur-tout le soin que l'auteur avoit pris de n'y rien omettre de ce qui concernoit sa matière, rendoient cet ouvrage peu propre à être placé dans la main des enfans; il n'étoit donc pas moins nécessaire qu'auparavant de leur donner un Dictionnaire abrégé de la Fable, mais plus complet et plus approfondi que celui de Chompré; et à tous égards, il appartenoit à celui qui en avoit conçu l'idée, de l'exécuter. C'est ce que M. Noël vient de faire avec le plus grand succès. En énonçant les qualités que doit avoir un pareil abrégé, il a rendu un compte exact de son propre ouvrage, et fait son éloge sans manquer à la modestie. « Il » faut, dit-il, à l'abréviateur de la précision sans aridité, » et de l'abondance sans confusion. Des notions exactes et » puisées dans les sources, des énoncés rapides pour les per- » sonnages moins importans, des développemens plus éten- » dus pour ceux de première ligne, une critique judicieuse » pour admettre et pour rejeter, un style simple, clair et » correct, un grand respect pour les mœurs », voilà, sui- vant M. Noël, tout ce qu'on doit trouver dans un Dictionnaire de la Fable destiné à la jeunesse; et nous ajouterons que tout cela se trouve dans le sien. Les mythologies grecque, romaine et égyptienne y tiennent la plus grande place, parce que ce sont les seules dont les auteurs classiques nous retracent les fictions; mais les autres n'en sont point exclues, elles n'y sont que ré- duites à leurs notions principales et essentielles; l'iconologie elle-même y est admise dans la proportion que déterminent son importance propre et l'utilité dont elle peut être aux écoliers. Enfin, tout ce qui tient au culte et aux usages reli- gieux des anciens, y est soigneusement rapporté, comme formant le complément nécessaire d'un dictionnaire mytho- logique; et sous ce rapport, l'Abrégé de M. Noël peut suppléer au défaut d'un *Dictionnaire d'antiquités.*

L'ouvrage, d'un format commode, est imprimé avec le plus grand soin. Le caractère en est net et élégant. Ce volume, qui contient 650 pages, nous paroît d'un prix modéré; il est heureux qu'un livre qui doit être utile à tous, n'excède, pour ainsi dire, les facultés de personne.

On trouve chez le même les ouvrages suivans :

Manuel de la Banque ; ouvrage dans lequel toutes les opérations possibles d'arbitrages, tant sur le papier que sur l'or, l'argent et les piastres, sont réduites, pour les trente principales places de l'Europe, à de simples additions et soustractions ; et qui contient d'ailleurs tous les détails relatifs aux monnaies réelles, de compte, de change, à la proportion de l'or et de l'argent, au pair intrinsèque, aux usances et aux usages de ces diverses places, et aux banques les plus célèbres. Un vol. in-8°. Prix : 9 fr., et 11 fr. par la poste.

Répertoire des Loix et des Arrêtés du gouvernement, de 1789 à l'an XI, par ordre alphabétique, chronologique et par classement de matières. Seconde édition, revue, corrigée et considérablement augmentée ; par Guillaume Beaulac, ancien avocat. Prix : 8 fr., et 10 fr. 50 cent. par la poste.

Analyse, ou *Nouveau Dictionnaire de l'Enregistrement, Timbre et Hypothèques,* avec un petit Traité sur les Poursuites et Instances, concernant le recouvrement des droits ; par C. F. L. Belot (de Langres). Un vol. in-8°. Prix : 8 fr., et 9 fr. 50 cent. par la poste.

Manuel catholique pour l'intelligence de l'Office Divin, avec cette épigraphe :

> Il ne suffit pas de prier Dieu, il faut savoir
> comment on le prie.

Un vol. *in-12.* Prix : 1 fr. 80 c., et 2 fr. 50 c. par la poste.

On trouve dans cet ouvrage l'explication des fêtes, des cérémonies et des prières de l'Eglise romaine, l'origine et les causes de leur institution, ainsi que la signification et l'étymologie des noms qu'on leur a donnés. Ce livre utile est divisé en trois parties. La première contient l'explication des fêtes, des cérémonies et des prières de l'Eglise. La seconde partie traite des vases, des ornemens, des lieux et des autres objets qui servent à la célébration du culte. La troisième partie renferme des notices historiques sur l'origine des dignités, le rang et les fonctions des ministres de la religion chrétienne. Ces deux premières parties étant rédigées par ordre alphabétique, on trouve facilement le nom de l'objet dont on desire avoir la signification. L'auteur a conservé avec soin, dans la troisième partie, l'ordre des préséances de la hiérarchie ecclésiastique. Ce Manuel peut donc être regardé comme un Annuaire religieux, propre à servir d'interprétation aux livres d'Office et de Liturgie ; c'est assez en faire sentir l'utilité, et même la nécessité pour le plus grand nombre des catholiques.

Précis historique de la dernière expédition de Saint-Domingue, depuis le départ de l'armée des côtes de France, jusqu'à l'évacuation de la colonie ; suivi des moyens de rétablissement de cette Colonie. Par A. P. M. Laujon, ancien conseiller à Saint-Domingue, et en dernier lieu, greffier en chef de la juridiction et de l'amirauté du Port-au-Prince. Un vol. in-8°. Prix : 3 fr., et 4 fr. par la poste.

Géographie du premier âge ; par L. B. B. Lefortier, chef d'une école secondaire. Vol. in-12. Prix : 90 c. cart., 75 c. br., et 1 fr. par la poste.

Cette petite Géographie est à sa seconde édition. On y trouve décrites avec méthode les quatre parties du monde, les divers états, les capitales, les principales rivières et les principaux fleuves. Cet ouvrage contient tout ce que le premier âge peut apprendre facilement. Ces divers objets sont exposés avec assez de sagacité.